High thoughts must have high language.
고결한 생각은 고상한 언어로 표현해 줘야 한다.
– 아리스토텔레스

아이의 튼튼한
공부 기초를 만드는
바탕다지기

한자 어휘 바다지기

박현창 지음

A2 초등 3년 이상

엔듀인사이트

한자 어휘 바탕 다지기 A2

초판 1쇄 발행 2018.10.12 | 초판 2쇄 발행 2021.06.16

지은이 박현창 | 펴낸이 한기성 | 펴낸곳 에듀인사이트(인사이트)

기획·편집 신승준, 장원정 | 표지 디자인 오필민 | 본문 디자인 문선희 | 일러스트 이동현 | 인쇄·제본 에스제이피앤비

베타테스터 권보경(초4), 권보민(초3), 권민재(7세), 김승민(초5), 방도현(초2), 설진헌(초5), 신주환(초4),

윤이준(초3), 이민아(초2), 이연주(초4), 이은채(초5), 이재용(초2), 임민재(초4), 정수인(초4), 조원규(초6),

진현호(초3), 최상호(초4), 최서초(초2), 추승우(초5), 허영재(초3), 황준상(초3)

등록번호 제2002-000049호 | 등록일자 2002년 2월 19일 | 주소 서울시 마포구 연남로5길 19-5

전화 02-322-5143 | 팩스 02-3143-5579 | 홈페이지 http://edu.insightbook.co.kr

페이스북 http://www.facebook.com/eduinsightbook | 이메일 edu@insightbook.co.kr

ISBN 978-89-6626-721-7 64710

SET 978-89-6626-719-4

책값은 뒤표지에 있습니다. 잘못 만들어진 책은 바꾸어 드립니다.

정오표는 http://edu.insightbook.co.kr/library에서 확인하실 수 있습니다.

이 책의 사진은 국립중앙박물관, 문화재청, 클립아트코리아에서 제공받았습니다.

국어 어휘를 향상시키기 위한 한자어·한자 공부를 제안합니다

3대 취업 자격증 시험 가운데 응시생은 대부분 초등학생인 것이 있습니다. 바로 한자 급수시험(한자 사용능력검정)입니다. 이 시험이 자리 잡게 된 배경에는 **'국어 어휘의 75%가 한자어이다. 한자어는 한자로 이루어져 있다. 따라서 한자를 모르면 국어를 못한다. 공부도 못한다.'** 는 다분히 상업적인 논리가 학부모에게 받아들여지기 때문입니다.

국어의 많은 어휘가 한자어인 것은 맞습니다. 한자어가 한자로 이루어진 것 또한 사실입니다. 그렇다고 다짜고짜 '한자부터 익히고 볼 일이다.' 하는 것은 초등학생에게는 매우 불합리한 방법입니다. 초등학생들이 한자어를 모르는 것은 한자를 몰라서가 아니라 국어 어휘를 모르는 것이고, 국어 어휘 교육의 기회와 방법이 부족하기 때문일 것입니다.

아이들에게 '人 사람 [인], 工 장인 [공], 夫 지아비 [부]' 라 쓰고 달달 외게 한다고 곧장 '인공 (人工), 인부(人夫)'와 같은 한자어를 연상하기는 어렵습니다. 기존의 한자 교육은 한자를 아는 것이 한자어를 이해하는데 의미 있고 효율적인 것이라 강조하면서도 방법은 구태를 벗어나지 못하고 있습니다.

물론 한자를 배우지 말자는 것은 아닙니다. 국어 어휘력을 늘리는데 한자를 익혀두면 효과적입니다. 다만 한자 교육의 취지를 제대로 인식하고, 초등학생들에게 알맞은 방법이 무엇인지 돌아보자는 것입니다.

초등학생들에게 어떻게 한자어와 한자를 가르치는 것이 효과적일까요? **결론부터 말하면 한자 학습은 한자어 학습을 위한 것이고 국어 어휘력, 나아가 국어 사용 기능을 신장하기 위한 것이 되어야 합니다.** 그래야 비로소 어휘 학습의 질적 개선이 이루어질 수 있습니다.

더 나아가 한자어가 한자로 이루어진다는 사실에만 주목할 것이 아니라 **한국화 된 한자의 특성, 독특한 우리만의 한자 사용법**이 있음을 자각해야 합니다. 중국인에게 '春(춘)'의 뜻이 무엇이냐 물으면, '春夏秋冬(춘하추동)의 춘'이라 말합니다. 그 글자가 쓰인 쉬운 낱말을 들어 설명합니다. 우리처럼 '봄 춘'이라 하여 음과 훈(뜻)을 말하지 않습니다. 바로 이런 게 한국화 되었다는 것입니다. 이것을 한글문화연대 이건범 대표의 표현을 빌리면 **'우리 말소리 가운데는 뜻을 압축하고 번역한 것'**이 한자이고, 한자의 조합이 한자어라는 것입니다. **예컨대 '국수'나 '밀가루'라는 뜻을 압축하고 번역한 것이 '면'이라는 것입니다.** 이 독특한 한자 활용법을 익히는 데 집중하는 것이 한자 어휘를 잘 알게 되는 비결입니다.

아이에게 적합한 한자 학습 방법은 기존의 방법을 거꾸로 하는 것입니다. 오래 전부터 스스로 깨닫지 못했을 뿐이지 부모님 스스로가 해왔던 방법입니다. 즉 '라면, 냉면, 짜장면'의 공통점을 더듬어 보게 해야 합니다. 그런 다음 국수 종류에는 모두 '면'자가 있음을 발견하게 해야 합니다. 아이들은 '면'자가 있는 낱말은 으레 국수 같은 것이겠구나 짐작하겠죠. '가면, 복면, 겉면'처럼 혹은 '먹으면 좋겠다!'처럼 '면'자가 있다고 해서 다 국수가 아님을 깨닫는 시행착오도 겪게 해야 합니다. 그 구분을 위해서 '라면, 냉면, 짜장면'의 면은 '국수 면(麵)'이고 '얼굴 면(面)'과는 다른 한자로 표기한다는 것을 가르쳐야 합니다. 그렇게 낱말들을 지지고 볶으면서 어떤 소리가 어떤 뜻과 짝짓는지 확인하고 잘 갈무리하여 나만의 어휘 그물을 만들어야 합니다. 저는 이렇게 하는 것이 한자어를 제대로 익히는 지름길이라 믿습니다.

『한자 어휘 바탕 다지기』는 초등학생들의 한자어 사용 능력을 제대로 기르기 위한 프로그램입니다. 국어 어휘의 상당 부분을 차지하고 있는 한자어를 능숙하게 마음대로 부려 쓰기를 바라며 기초를 마련하고 다지기를 목표로 합니다.

이 프로그램에서 다루게 될 제재이며 대상이 되는 한자 어휘들은 『등급별 국어교육용 어휘』(김광해 서울대 국어연구소, 2003), 『국립국어연구원 교육용 어휘』 목록을 활용하여 골랐습니다. 여기에 『표준국어대사전』(국립국어원,)과 『초등국어사전』을 두 번째 그물로 써서 다시 골랐습니다.

건져 올린 한자어와 한자들은 주제별로 묶어 재편성했습니다. 아이들의 사회화 과정에 따른 언어 발달 양상에 맞춰, 의미가 구체적인 어휘에서 추상적인 어휘로, 친숙한 어휘에서 낯선 어휘 순으로 늘어놓았습니다.

한자는 가능한 4급(어문회 검정 기준 1,000자) 범위를 벗어나지 않도록 하였습니다. 그러나 아이들이 받아들이기에 충분하고 이 프로그램의 편성 의도와도 맞다고 판단되는 극히 일부 한자의 경우는 4급 한자를 벗어나는 경우도 있습니다. 사용 빈도순으로 만들었다는 급수한자시험의 급수 기준에 애매한 측면이 있기 때문입니다.

한자의 쓰임과 활용 그리고 이 과정을 수행해야 하는 이유나 동기 따위를 상징적이고 신화적인 이야기로 덧입혀 보았습니다. 한글과 한자를 상징하는 캐릭터를 등장시켜 마치 한글과 한자가 '실체와 그림자'의 관계와 같고, 그 주객 관계가 뒤바뀌었다는 것에 착안한 것인데, 아이들에게 국어 공부의 친근함을 주고 싶었던 저의 바람 때문입니다.

모쪼록 이 프로그램이 기존 한자 학습에서는 제시할 수 없었던 아이들의 국어 어휘력 향상에 보탬이 될 수 있기를 희망합니다.

박현창

한자 어휘를 공부하기 위해 알아둘 것들

1. 한자의 훈(뜻) 다루기

한자 교육에서 가장 골머리를 앓고 있는 것이 한자의 대표 훈(뜻)을 정하는 것입니다. 이 프로그램에서 낯설게 느껴지는 학습 내용 대부분은 바로 대표 훈(뜻)의 문제로 비롯되는데 다음과 같은 3가지 문제가 있습니다.

첫째는 훈(뜻)이 현대에서는 비속어로 바뀌거나 거의 사어가 된 것입니다. 대표적인 예로 '놈 자者'가 있습니다. 이를 곧이곧대로 풀어 익히다 보면 문제가 있지요. 예컨대 '저자'를 '글 쓴 놈'이라고 해석하는 곤란한 상황이 발생합니다. 언제부턴가 '계집 녀女'를 '여자 녀女'라고 바꾸어 가르치지만 아직도 대표 훈은 '계집'입니다. 이처럼 대표 훈이 바뀌지 않은 한자가 많은 것이 현실입니다. 이 프로그램에서는 '놈 자'를 '(~하는) 이 자'로 다루고 그에 따른 설명을 하였습니다. '女'는 '여자 녀'로 제시하는 등 현재 우리 감각에 맞도록 풀이했습니다.

둘째는 훈(뜻)이 음과 같은 경우입니다. 동어 반복되는 꼴로서 예를 들면 '법 법法'이나 '쾌할 쾌快' 따위 등이지요. 이 프로그램에서는 일상적으로 많이 쓰이는 낱말을 통해 조금 더 편하게 설명했습니다. '경쾌' '쾌활' 등의 낱말을 통해 '기뻐할 쾌快'로 풀이한 것이지요. 그러나 쾌감(快感:시원한 느낌) 등의 낱말은 '시원할 쾌快'라는 설명을 덧붙여 뉘앙스의 차이도 놓치지 않았습니다.

셋째는, 훈(뜻)이라는 것이 이름에 걸맞지 않게 그 한자가 쓰인 한자어 풀이에 충분하지 않은 경우입니다. 아들 子가 대표적입니다. 사자(獅子)는 '사자 아들'이고, 모자(帽子)는 '쓰개 아들'이라 풀이할 수는 없는 노릇입니다. 그래서 이러한 한자어나 한자들은 상대적으로 많은 지면을 할애해 자원과 함께 다루어 구분하였습니다.

2. 한자 쓰기는 최소화

이 프로그램에서 한자 쓰기는 최소화했습니다. 한자 쓰기나 획순은 아이들에게 기억의 수단이나 장치로서 유익함보다는 귀찮고 성가신 것이 되기 일쑤입니다. 그래서 이 프로그램은 한자 쓰기보다 그 의미를 이해하는 데 초점을 맞추었습니다. 획순도 일반적인 획순 익히기가 아니라 한붓그리기 형식까지 도입했습니다. 아이들이 한붓그리기라는 느낌으로 쓰다 보면 한자가 한결 수월하게 느끼리라 기대합니다.

일부 활동에는 이 책의 목표인 급수 시험 4급 범위를 넘어가는 한자들이 종종 나옵니다. 묘하게도 모양이 흡사해서 헷갈리기 딱 좋은 한자들입니다. 해당 단원에서 배우는 한자를 구별해 찾아내라는 의미이지 그 뜻까지 알아내라는 것은 아니니 애써 알려고 할 필요는 없습니다.

핵심 한자를 이용한 재밌는 활동으로 아이의 어휘력은 폭풍 성장!

STEP 1
낱말에서 한자 발견하기

인형은 사람 인(人), 모양 형(形)이지요. 인형의 인이 사람이라는 뜻의 인이라는 사실을 발견하는 것, 새로운 한자 학습의 시작입니다.

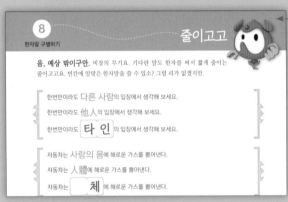

STEP 2
우리말이 압축 번역되는 원리 이해하기

우리말과 한자의 관계를 파악하고, 한자를 사용하면 좀 더 간단하고 압축적으로 표현할 수 있다는 것을 알게 됩니다.

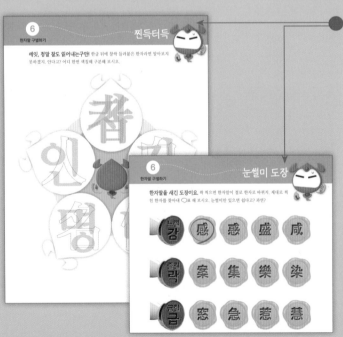

STEP 3
한자 식별하기

한자 학습의 흥미를 떨어뜨리는 것이 무작정 쓰기 방식입니다. 이 책에서는 색칠하고 구별하는 다양한 활동을 제시합니다. 한자를 좀 더 친근하고 쉽게 이해할 수 있습니다.

STEP 4

유사 단어, 틀린 단어 찾기 등으로 어휘 확장

다양한 문장, 장면 속에서 연관 단어들을 함께 제시하였습니다. 비슷한 것끼리 묶거나 틀린 것을 골라내며 어휘력을 높일 수 있습니다.

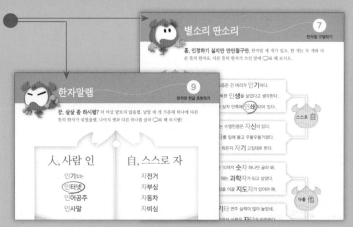

STEP 5

한자의 다양한 갈래를 활용해 어휘 확장

한자의 자원(字源)과 파생된 여러 가지 뜻을 함께 제시했습니다. 한자의 원형과 관련된 뜻을 이해하면 어휘력은 두 배, 세 배로 확장됩니다.

STEP 6

한자도 재밌게 써 보면서 마무리

아이들이 한자를 싫어하는 가장 큰 이유는 무의미한 쓰기 반복 때문입니다. 떼지 않고 그리는 한붓그리기 등으로 놀이하듯 한자를 쓰면서 힘들지 않게 한자를 배울 수 있습니다.

STEP 7

탄탄한 해설은 어휘력 향상의 마침표

새로 나온 단어에 대한 상세한 해설, 연관 단어에 나온 한자에 대한 설명, 자원 해설 등 학습에 필요한 제반 지식을 제공하여 어휘력을 한 단계 높여줍니다.

책을 받은 친구에게

안녕, 난 한글 도깨비 뎅글뎅글이야!

난 한글에 깃들어 사는 도깨비야. 너희가 한글을 읽고 쓸 때마다 늘 함께 있지.

정말이냐고? 글을 죽죽 잘 읽어나가는 소리나 모양을 '뎅글뎅글'이라고 하거든.

그게 다 내 이름에서 나온 말이야.

우리말 가운데는 한자로 이루어진 한자말이 많아. 너희도 뎅글뎅글 읽을 수 있지.

산, 강, 과자, 연필, 학교, 실내화처럼.

그런데 한글이 한자로 바뀌고 있어!

山, 江, 菓子, 鉛筆, 學校, 室內靴로!

길거리의 건물, 가게 간판, 책 표지, 광고, 학용품이나 과자 봉지까지. 한자말이

쓰였다면 작은 물건이건 커다란 건물이건 가리지 않고, 사람들이 다 잠든 한밤중에.

한자로 쓰인 말들이 잘 안 보인다고?

어휴, 내가 닥치는 대로 다시 한글로 되돌려 놓기 때문이야. 한글로 되돌리지

않으면 한자가 널리 쓰일 테고, 그럼 한글도깨비인 난 사라져 버릴 수도 있잖아?

그래서 안간힘을 다해 막고 있어.

이 고약한 짓은 **한자 도깨비** **능글능글**이 벌이는 거야.

능글능글은 한자에 깃들어 사는 도깨비야. 오랫동안 사람들이 한자로 자기 뜻을

나타내는 걸 보고 살았지. 한글이 없을 때 우리말은 한자로 나타냈어.

하늘은 **天**, 나무는 **木**, 바람은 **風**, 이렇게 썼지.

그런데 한글이 만들어졌잖아. '하늘' '나무', '바람'처럼 우리말을 오롯이

한글로 나타낼 수 있었어. **天**(하늘)이나 **川**(냇물)처럼 뜻이 다른 한자도,

踐(밟다), **淺**(얕다)처럼 복잡한 한자도 '천'이라고 쉽게 쓸 수 있게 되었지.

능글능글은 걱정이 되었어.

'천'이라고만 쓰면 하늘(天)인지, 1,000(千)인지, 냇물(川)인지 제대로 알 수 있을까?

'모자'라고 하면, 머리에 쓰는 모자(帽子)인지 엄마랑 아들이라는 모자(母子)인지

제대로 알까?

제대로 알려준답시고 세상의 한자말을 한자로 바꿔 버린 거야.

"한자를 써야 뜻을 정확하게 알 수 있어. 그래야 세상 만물을 제대로 알고, 내 뜻을

남한테 전하고, 남의 말도 잘 알아듣지."하면서 안달복달이야.

나는 밤이면 밤마다 능글능글이 바꾼 한자를 한글로 바꿨어.

근데 내일 밤이면 능글능글이 또 휙 바꿔버릴 거잖아.

도대체 어떻게 능글능글이 이런 짓을 못 하게 하지?

나는 궁리에 궁리를 거듭 했어.

한자도깨비를 안심시켜 주면 돼!

우리가 한자도깨비에게 낱말 속 한자의 뜻을 잘 알고 가름할 수 있다고 알려주면 되는 거야.

우리는 천 일이라고 하면 1,000개의 날, 세상'천지'라고 하면 하늘과 땅,

청계'천'이라고 하면 냇물이라는 뜻이라는 걸 알잖아?

한글로도 세상의 일들을 충분히 나타낼 수 있다는 걸 알게 되면 능글능글이는

다시는 너희가 읽은 한자말을 건드리지 않을 거야!

너희가 벌써부터 알고 있는 낱말의 뜻을 곰곰이 생각해 보면 다 알 수 있어.

물론 능글능글이 가만있지는 않을 거야.

너희가 한자말을 정말로 뎅글뎅글 읽어내는지 따지고 딴지를 걸 거야.

내가 도와줄게. 나는 한글로 세상 모든 것을 나타내는 것을 돕는 도깨비니까.

어때, 나와 함께 나서 보지 않을래?

자, 능글능글의 수작을 함께 물리쳐 보자고!

차례

전　前앞

향　向향할

後뒤　후

右오른

左왼

우

좌

첫째 주
전후좌우

전후좌우에 대한 능글능글 한자말을
뎅글뎅글 읽어내자.

한자말 사방치기

한자말로 사방치기를 해 볼까? 위아래 보기의 한자말 가운데 '앞쪽' '뒤쪽' '왼쪽' '오른쪽'의 뜻으로 쓰인 낱말을 빈칸에 알맞게 써 봐.

보기

앞의 면이나 앞쪽	오른쪽, 바른편	뒤로 난 문, 뒷문	두 편으로 갈랐을 때에 왼편짝
전면	**우측**	**후문**	**좌변**

 앞쪽 **전 면**

 왼쪽

 오른쪽

 뒤쪽

보기

뒤로 물러나는 것	왼쪽, 왼편	두 편으로 갈랐을 때에 오른편짝	(어떤 날의) 바로 앞의 날
후퇴	**좌측**	**우변**	**전날**

이쪽저쪽 어느 쪽

능글능글이 장난감 자동차 리모컨에 손을 댔어. 그래도 어떤 쪽을 가리키는지 짐작할 수 있지? 바꿔 놓은 글자를 빈칸에 써 봐.

左

右

前

後

□
前진

□
방向   □
左측

□
後퇴   □
右측

흠, 제법이오. 한자말들을 관측하고 바꾸는 관제소요. 어떤 글자를 바꾼 것인지 알아보겠소? 안다면 빈칸에 바뀐 글자를 써 보시오.

前후

앞뒤

오前

아침부터
점심 전까지의 동안

前주

지난주

後방

뒤쪽

後면

뒤쪽 면

後손

여러 대가
지난 뒤의 자손

左우

왼쪽과 오른쪽

左회전

차 따위가
왼쪽으로 돎

左익수

야구에서 외야의
왼쪽을 지키는 선수

좌右

왼쪽과 오른쪽

右측

오른편

右회전

차 따위가
오른쪽으로 돎

풍向

바람이
불어오는 방향

외向

관심이 외부의
사물에 치우침

남向

남쪽을 향함

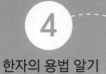

윽, 이럴 수가! 나는 아무 말이나 한자로 바꾸지 않는다오. 어떤 뜻을 품고 있는 말만 한자로 바꾸지. 내가 내보인 '뜻'을 품고 있는 낱말을 골라 ◯표 해 보시오.

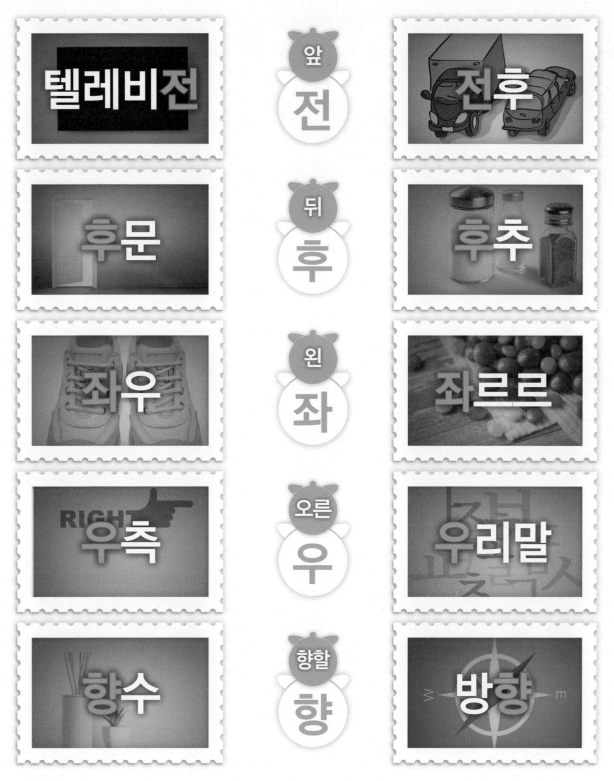

한자말 분자식

흠흠, 눈치가 빠르구만. 한자말 분자식도 알아볼 수 있을까? ⬤칸에 알맞은 말을 써 분자식을 완성해 보시오.

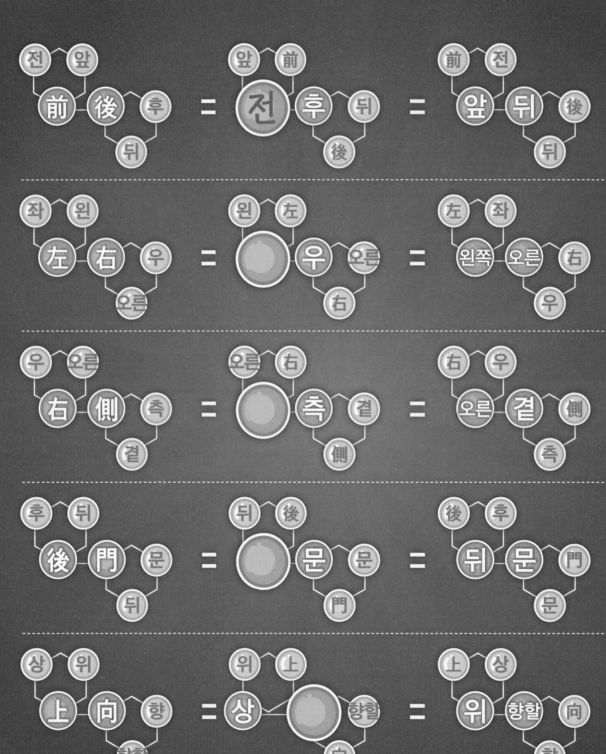

왠지 땀이 나는구려. 이것도 할 수 있을까? 내보인 '뜻과 소리'에 맞는

한자를 찾을 수 있소? 찾아서 한자에 ◯표 해 보시오.

앞 [전]　　則　兪　前　首

뒤 [후]　　後　係　俊　復

왼 [좌]　　友　在　丈　左

오른 [우]　　灰　式　右　有

향할 [향]　　同　肉　向　內

다른뜻인가방

으허헉. 이것마저 할 수 있소? 어떤 한자의 '뜻과 소리'를 내보였소. 소리는 같은데 내보인 뜻과 '다른' 뜻의 글자가 쓰인 낱말에 ◯표 해 보시오.

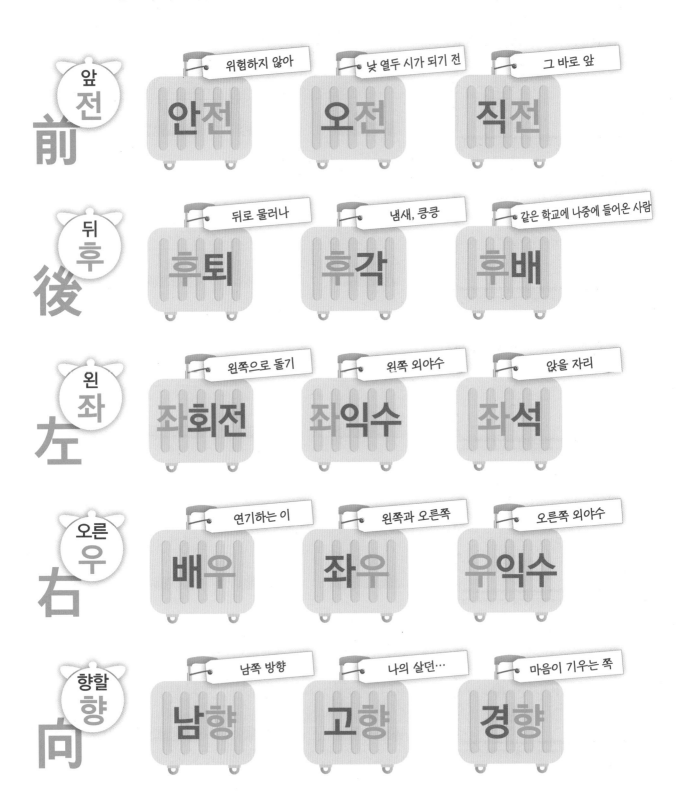

앞
전
前

위험하지 않아 **안전**
낮 열두 시가 되기 전 **오전**
그 바로 앞 **직전**

뒤
후
後

뒤로 물러나 **후퇴**
냄새, 킁킁 **후각**
같은 학교에 나중에 들어온 사람 **후배**

왼
좌
左

왼쪽으로 돌기 **좌회전**
왼쪽 외야수 **좌익수**
앉을 자리 **좌석**

오른
우
右

연기하는 이 **배우**
왼쪽과 오른쪽 **좌우**
오른쪽 외야수 **우익수**

향할
향
向

남쪽 방향 **남향**
나의 살던… **고향**
마음이 기우는 쪽 **경향**

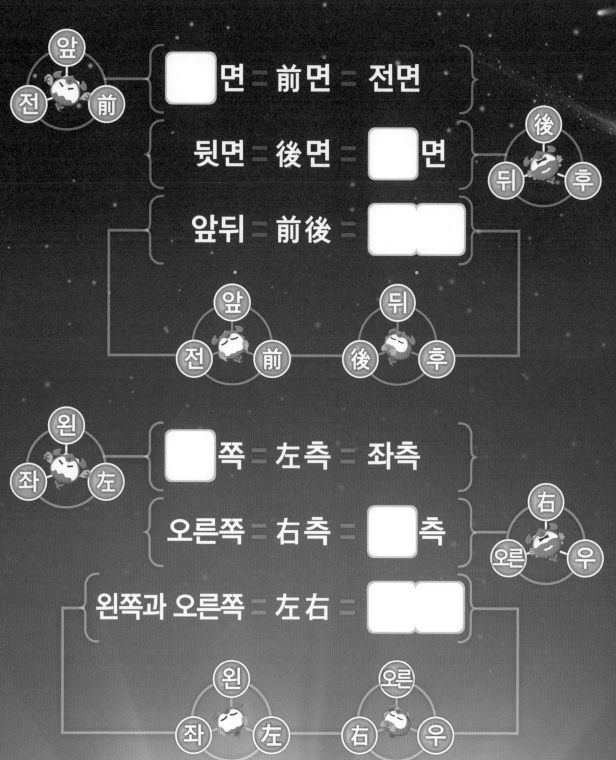

엎치자 메치자

에잇, 못하는 게 없군! 엎치나 메치나 그게 그거인 낱말도 알아낼 수 있소?
빈칸에 알맞은 말을 써서 같은 뜻을 만들어 보시오

앞
전 前

□면 = 前면 = 전면

뒷면 = 後면 = □면

後
뒤 후

앞뒤 = 前後 = □□

앞 뒤
전 前 後 후

왼
좌 左

□쪽 = 左측 = 좌측

오른쪽 = 右측 = □측

右
오른 우

왼쪽과 오른쪽 = 左右 = □□

왼 오른
좌 左 右 우

으, **뒷목이 뻣뻣하군**. 내가 한자를 내보이지. 이 한자가 쓰인 낱말을 알아보겠소? 어디 한번 골라내 ◯표 해 보시오.

앞 **前**

오전에 나가 아직 안 들어왔어!

자기 **발전**을 위해 쉼 없이 노력했다.

우리의 **안전**을 책임지고 있어요.

앞 **전**

뒤 **後**

반장 선거에 3명의 **후보**가 나섰다.

드실 때 **후추**를 조금 뿌리면 맛이 더 좋아요.

이 땅은 우리 **후손**들에게 물려주어야 한다.

뒤 **후**

왼 **左**

한 번 실패했다고 **좌절**하지 마라.

버스에 **좌석**이 없어서 서서 가야 했다.

복도 **좌측**에 화분이 가지런히 놓여 있었다.

왼 **좌**

오른 **右**

턱을 **우측**으로 조금만 돌리세요.

마실 거라고는 **우유**밖에 없네요.

저 모퉁이를 돌면 **우체국**이 나옵니다.

오른 **우**

향할 **向**

나쁜 식사 습관은 건강에 **악영향**을 끼친다.

과수원에서 짙은 **사과 향**이 흘러나왔다.

길을 잘못 들어 **방향**을 잃고 한참을 헤맸다.

향할 **향**

느낌 싸아하구만. 긴 말도 한자를 써서 짧게 줄여 쓰는 축소하셈이요. 빈칸에 알맞은 말을 써 보시오.

그 건물은 무너지는 **일이 일어나기 바로 전**이다.

그 건물은 무너지기 **直前**이다.

그 건물은 무너지기 직이다.

둘 중에 어느 쪽으로 할까 망설이다 **뒤엣것**을 골랐다.

둘 중에 어느 쪽으로 할까 망설이다 **後者**를 골랐다.

둘 중에 어느 쪽으로 할까 망설이다 자를 골랐다.

신호등에 **왼쪽으로 돎 신호**가 막 켜졌습니다.

신호등에 **左回傳** 신호가 막 켜졌습니다.

신호등에 회전 신호가 막 켜졌습니다.

적군이 **움직여 나아가는 방향**을 살펴서 보고해야 한다.

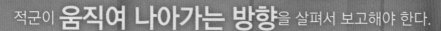

적군의 **動向**을 살펴서 보고해야 한다.

적군의 동을 살펴서 보고해야 한다.

한자말 랩을 한번 해 봅시다! 한자의 소리를 운으로 삼았소. 운으로 삼은
한자가 있는 낱말을 골라내 ◯표해 보시구랴.

고장 난 **텔레비전**

짜증나기는 **완전**

갖다 버리기 **직전**

태풍이 닥칠 **징후**

온난화되는 **기후**

늦었어도 환경 보존, 지금 **이후**

왼쪽으로 돌아 **좌향좌**

언니가 듣는 인터넷 **강좌**

석굴암 부처님은 **가부좌**

벙어리장갑 헷갈리는 **좌우**

투덜거리는 **아우**

튀김으로 먹으면 맛있지 **새우**

꽃피는 산골 **고향**

새소리 물소리 자연의 **음향**

햇살 가득한 우리 집은 **남향**

하나 알면 둘을

하나를 알면 둘을 아는 게요? 안 배운 글자가 있어도 낱말을 알아내려
나…. 내가 말하는 낱말이 무엇인지 알겠소? 안다면 빈칸에 써 보시오.

어떤 기간의 처음이 되는 때는 **초기**
어떤 기간의 중간이 되는 때는 **중기**
어떤 기간의 끝이 되는 때는 **말기**
그렇다면

앞이 되는 때는?

	기

동서남북 네 방향은 **사방**
동쪽 방향은 **동방**
북쪽 방향은 **북방**
그렇다면

뒤쪽 방향은?

	방

말이나 글의 뜻은 **의미**
뜻밖은 **의외**
어떤 일을 이루고자 하는 뜻은 **의지**
그렇다면

뜻이 향하는 곳은?

의	

동쪽으로 향함은 **동향**
위쪽으로 향하는 것은 **상향**
한쪽으로 치우침은 **편향**
그렇다면

바람이 불어오는
방향은?

풍	

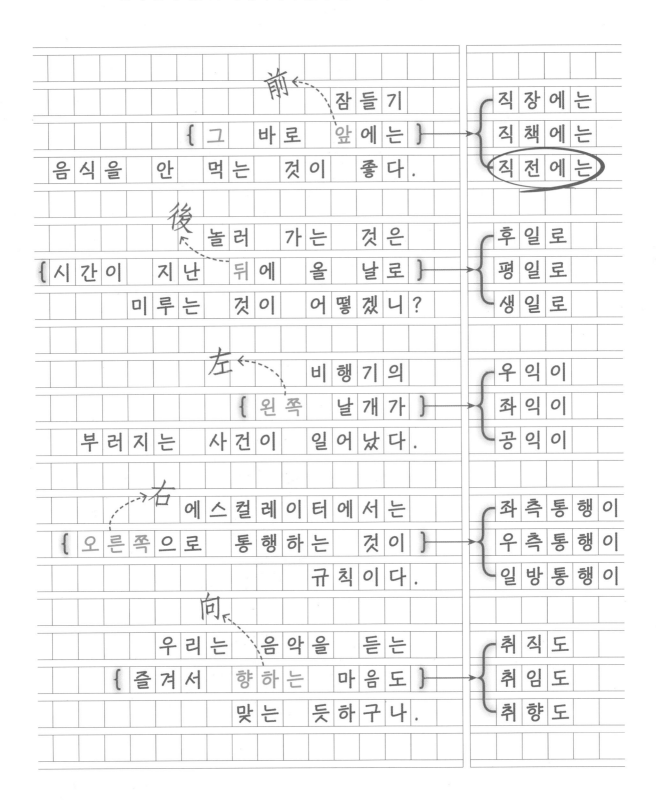

한자말 활용하기

크흐흑, 살살 좀 하구려. 내가 쓰던 원고요. 왼쪽 글에 표시된 부분을 간단히 줄여 쓸 수 있소? 아래쪽에서 골라 ◯표 해 보시오.

前 잠들기
{그 바로 앞에는}
음식을 안 먹는 것이 좋다.

직장에는
직책에는
(직전에는)

後 놀러 가는 것은
{시간이 지난 뒤에 올 날로}
미루는 것이 어떻겠니?

후일로
평일로
생일로

左 비행기의
{왼쪽 날개가}
부러지는 사건이 일어났다.

우익이
좌익이
공익이

右 에스컬레이터에서는
{오른쪽으로 통행하는 것이}
규칙이다.

좌측통행이
우측통행이
일방통행이

向 우리는 음악을 듣는
{즐겨서 향하는 마음도}
맞는 듯하구나.

취직도
취임도
취향도

옛사람 한자말

그대는 지혜로운 듯하오, 옛사람들처럼. 옛사람들이 만든 한자말을 한번 알아
보겠소? 뜻풀이를 보고 빈칸에 알맞은 말을 써 보시오.

이 세상에 살아 있는 동안

살아생앞

生 前
살 아 생

이렇든 저렇든, 어떻게 되든지 간에

왼쪽 오른쪽
사이

左 右 間
간

자리 오른쪽에 붙여 놓고 가르침으로 삼는 말

앉은 자리
오른쪽에
새겨둔 말

최선을 다 했으면
후회하지 말자.

座 右 銘
좌 명

이리저리 왔다 갔다 하면서 결정을 내리지 못하고 망설임

왼쪽으로
갔다가
오른쪽으로
갔다가

右 往 左 往
왕 왕

앞에서 읽어 낸 한자말은 능글능글이 어쩌지 못할 거야. 뜻과 소리
를 외면서 한자를 획획 쓰면 확실히 그렇게 되지.

` ` ` `宀` `前` `前` `前` `前` `前`
前 前 前

앞
전

한번에 그릴 수 있어!

` ` ` ` ` ` `彳` `犭` `徉` `徉` `徉` `後`
後 後 後

뒤
후

` ` ` ` ` `左` `左`
左 左 左

왼
좌

` ` ` ` ` `右` `右`
右 右 右

오른
우

` ` ` ` ` `向` `向` `向`
向 向 向

향할
향

上 위   상

位 자리   위

下 아래   하

外 바깥   외

內 안   내

둘째 주
상하내외

상하내외에 대한 능글능글 한자말을
뎅글뎅글 읽어내자.

능글 메모

능글능글이 메모한 상하내외에 대한 한자말 바꾸기 비결이야. 메모를 살펴보고 지워진 글자를 써 넣어 보자.

상하 = 위아래

땅의 위 = 지상

하늘 [ ] = 천상

위로 끌어올림 = 인상

상+하 = 위+아래

지하 = 땅의 [ ][ ]

천하 = 하늘 아래

인하 = 아래로 끌어내림

내외 = 안팎

나라의 [ ] = 국내

방의 [ ] = 실내

도시의 안 = 시내

내+[ ] = 안+밖

국외 = 나라의 밖

실외 = 방의 [ ]

시외 = 도시의 밖

상위 = 윗자리　하위 = 아랫자리

상 + [ ] = 위 + 자리　　하 + 위 = 아래 + [ ][ ]

옷 수선 어수선

옷 수선 가게의 꼬리표야. 능글능글이 몇 글자를 한자로 바꿔버렸지. 이 정도
는 짐작할 수 있지? 바뀐 글자를 빈칸에 써 보자.

上의

外투

內의

下의

구멍 낼
부位

수선 작업표
☑ 외투 옷깃 줄임
☑ 상의 단추 바꿈
☐ 하의 바짓단 줄이기
☐ 무릎 부위 뚫기
☐ 내의 고무줄 넣기

자릿자릿 한자말

머리가 자릿자릿할 문제를 내 보지. 내가 아끼는 글들이오. 글 속의 자리에 대한 글자를 한자로 바꿔 놓았지. 한자를 읽어낼 수 있소? 읽어 내 빈칸에 써 보시오.

빨래가 바람에 날려 너희 집 **옥上**에 날아갔다. 난 그 방법이 **최上**이라고 생각해. **지上**에 사는 동물에게 는 아가미가 없다.

종이비행기가 땅으로 천천히 **下강**하고 있다. 투수는 **下체**가 튼튼해야 한다. 상부의 지시를 **下부**에 전달 한다.

정부는 **국內** 여행을 적극 권장하기로 했다. **실內**에 서는 모자를 벗으세요. 생선 **內장**을 꺼내고 소금을 쳐 두어라.

상민이네는 이번에 **해外** 여행을 떠나기로 했다. 경보 기는 **外부**에서 누군가 침입하면 큰 소리가 나게 되어 있다. 4번 타자는 **장外** 홈런을 쳤다.

그 팀 **순位**가 저번 경기보다 많이 떨어졌다. 지도에는 축척과 **방位**가 표시되어 있다. 사람은 **지位**가 높 아질수록 겸손해야 해.

윽, 이럴 수가! 나는 아무 말이나 한자로 바꾸지 않는다오. 어떤 뜻을 품고 있는 말만 한자로 바꾸지. 내가 내보인 '뜻'을 품고 있는 낱말이 어느 쪽인지 가려내 ◯표 해 보시오.

위
상

정상 · 상추

아래
하

지하철 · 하품

안
내

시내 · 기내

바깥
외

외국 · 참외

자리
위

가위 · 왕위

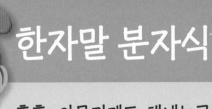

흠흠, 야무지게도 해내는구만. 한자말 분자식이오. 빈칸에 알맞은 말을 써 분자식을 완성해 보시오.

해상 (海上) : 바다 **위**
최상 (最上) : 가장 **위**
이상 (以上) : 기준보다 많거나 **위**의 것

 ⊟ 上 ⊟ 위

천하 (天下) : 하늘 **아래** 세상
최하 (最下) : 가장 **아래**
투하 (投下) : **아래**로 떨어뜨림

 ⊟ 下 ⊟ 아래

체내 (體內) : 몸의 **안**
이내 (以內) : 일정한 범위의 **안**
실내 (室內) : 방이나 건물 따위의 **안**

 ⊟ 內 ⊟ 안

외부 (外部) : **바깥** 부분이나 쪽
외모 (外貌) : **바깥**으로 드러나 보이는 모양
외식 (外食) : 집 **바깥**에서 음식을 사 먹음

 ⊟ 外 ⊟ 바깥

부위 (部位) : 어떤 부분의 **자리**
순위 (順位) : 차례나 순서에 따른 **자리**
즉위 (卽位) : 임금의 **자리**에 오름

 ⊟ 位 ⊟ 자리

예상을 뛰어넘는군! 한자가 나오는 자판기요. 한자를 넣어 두었다가 필요할
때 꺼내 쓰곤 하지. '뜻과 소리'에 맞는 한자를 찾아 ◯표 해 보시오.

止	土	上	工
위 [상]	위 [상]	위 [상]	위 [상]
下	十	干	平
아래 [하]	아래 [하]	아래 [하]	아래 [하]
舟	同	向	內
안 [내]	안 [내]	안 [내]	안 [내]
朴	外	多	明
바깥 [외]	바깥 [외]	바깥 [외]	바깥 [외]
住	依	佰	位
자리 [위]	자리 [위]	자리 [위]	자리 [위]

LUCKY
COMBO

PLAY

이거 왠지 불길한데. 잠깐, 타임아웃! 쉬어가는 김에 한자로 한자말랩을
펼쳐보겠소. 운으로 삼은 한자가 쓰이지 '않은' 낱말을 골라내 ◯표 해 보시오.

온도는 **영하**

얼어붙은 **빙하**

꽁꽁 얼음 **천하**!

◯

앉은뱅이 **책상**

공부하는 데 **최상**

성적은 저절로 **향상**!

◯

처음 가 본 경복궁 **궐내**

임금님이 계셨다는 근정전 **실내**

그냥 따라해 본 임금님 **흉내**!

◯

수박인지 호박인지 **개구리참외**

생긴 건 그래도 맛있다니 참 **의외**

참맛을 느끼려면 시원한 **야외**로

◯

나침반을 보고 **방위**를 살펴봅시다.

지금 아래로 내려가는 건 **위험**해!

현재 **위치**를 크게 벗어나지 맙시다.

◯

참말로 대단하시오. 긴 말도 한자를 써서 짧게 줄여 쓰는 압축하셈이요. 빈칸에 알맞은 한자말을 써 보시오.

아픈 친구가 벽에 **물건이나 몸의 윗부분을** 기댄 채 잠이 들었다.

아픈 친구가 벽에 上體 (위 몸)를 기댄 채 잠이 들었다.

아픈 친구가 벽에 상 체 를 기댄 채 잠이 들었다.

그래프가 **아래로 향함 또는 그 쪽** 곡선을 그리고 있습니다.

그래프가 下向 (아래 향하다) 곡선을 그리고 있습니다.

그래프가 ⬜⬜ 곡선을 그리고 있습니다.

주영이가 저렇게 춤을 잘 추는구나 **속 마음으로** 감탄했다.

주영이가 저렇게 춤을 잘 추는구나 內心 (속 마음) 감탄했다.

주영이가 저렇게 춤을 잘 추는구나 ⬜⬜ 감탄했다.

이 큰 경기장 **안과 바깥(안팎)을** 가득 메운 관중들 좀 보세요.

이 큰 경기장 內外 (안 바깥)를 가득 메운 관중들 좀 보세요.

이 큰 경기장 ⬜⬜ 를 가득 메운 관중들 좀 보세요.

이번 대회에서는 어린 선수들이 **순서상 높거나 위의 자리를** 차지했다.

이번 대회에서는 어린 선수들이 上位 (위 자리)를 차지했다.

이번 대회에서는 어린 선수들이 ⬜⬜ 를 차지했다.

으허헉, 이럴 수가. 거리에서 여러 말이 오가고 있소. 내보인 한자를 쓰는 낱말을 알아보겠소? 안다면 어디 한번 골라 ◯표 해 보시오.

내일 **하**계 올림픽 대회가 시작해.

오늘 저녁에 축**하** 행사가 있대.

지**하**철 타고 같이 갈래?

한 시간 **이**내에 돌아올게.

내일까지 해 드리면 안 될까요?

좀 인**내**하면서 기다릴 수는 없니?

위험을 각오하지 않고 어떻게 큰일을 해?

그렇다고 법을 **위**반해서는 안 돼!

이 건물의 **위**치가 지도와는 다른 것 같다.

아, 온갖 **상**품이 다 있네!

이렇게 다양할 줄은 **상상**도 못했어.

응, 정말 기대 이**상**인걸.

외람되지만 뭐 좀 물어봐도 될까요?

혹시 **외**국인이세요?

아니라니까! 참 **외**골수에 고집불통이네요.

하나를 알면 둘을

하나를 배우면 모름지기 둘도 깨치겠지! 내가 말하는 두 글자 한자말이
무엇인지 짐작하여 써 보시오. 알아두면 자주 쓰게 될 거요.

땅의 일정한 한 점은 **지점**

땅의 모습을 그린 것은 **지도**

땅을 나눠 구분한 것은 **지역**

그렇다면

이 세상, 땅의 위는?

지

학교의 정문은 **교문**

학교에서 제일 큰 어른은 **교장**

학교에서 학생들이 입게 하는 옷은 **교복**

그렇다면

학교의 안은?

교

던져 넣는 것은 **투입**

공을 던지는 이는 **투수**

몸을 던지는 것은 **투신**

그렇다면

아래로 던지는 것은

투

사람이 먹고 마시는 것은 **음식**

끼니 사이에 먹는 것은 **간식**

우리나라 고유의 먹을거리는 **한식**

그렇다면

집 바깥에서
사 먹는 것은?

식

왠지 망할 것 같은 느낌이…. 내 특기이자 장기, 긴 뜻 짧게 쓰기웟! 왼쪽 글
에 표시된 말을 한자말로 바꿔 써 보시웟! 오른쪽 글에 답이 되는 낱말이 숨어 있솟!

저 사람을 이길 만한 선수가

하늘 아래 있을까

싶었어요.

그래서 한동안 그 선수는

온 천하가 제 세상인 듯

으스댔지요.

오늘은 **바다 위**가 흐리고

3미터의 높은 파도가

일겠습니다.

선장님께 해상 상황이

좋지 않다고

보고해야 합니다.

나라 안을 샅샅이

뒤져서라도 마땅한 사람을

반드시 찾아내세요.

대통령님, 국내에는 없는

듯합니다.

국외로 눈을 돌려야겠습니다.

오랜만에 만난 친구는

알아볼 수 없을 만큼

겉모습이 변하였다.

예전의 반듯하고 빼어난

외양은 도무지 찾아보기

어려웠다.

두 나라의 **높고 귀한**

자리의 관리가 회의에 참석

하기로 했다는데?

아마도 총리나

장관쯤 되는

고위 공무원일 거야.

마땅한 자리

으허헉, 썩 잘하는구려. 이것도 할 수 있소? '소리는 같아도 뜻은 다른' 한자말이
있소. 내보인 한자가 쓰인 낱말에 ◯표 해 보시오.

이런 날씨에 산 **정상**에 오르겠다니 **정상**이 아니군!

청바지에 어울리는 **상의**는 어떤 건지 **상의**해 볼까요?

기지를 **방위**하려면 적이 어느 **방위**로 침입할지 짐작해야 해.

이번 시험에 점수가 90점 **이상** 나온다면 정말 **이상**한 일일 거야.

정말 제대로 읽는단 말이오? 꼬리에 꼬리를 무는 한자말, 꼬물꼬물 한자말
끝말잇기요. 빈칸에 알맞은 말을 써넣어 보시오.

외 상 위 하 내
外 上 位 下 內

끝말
잇기

지

{땅 위, 세계}

부

{거느리는 아랫사람}

위쪽 부분}

교

{학교의 안}

학교 공부를 끝내고 집으로 돌아옴}

과

{학교 밖에서 배우는 것}

몸안의 병을 다루는 병원}

지

{차지한 자리}

다른 고장}

옛사람 한자말

놀랍군. 그러면 옛사람들이 만든 한자말도 한번 알아보겠소? 뜻풀이를 보고 빈 칸에 알맞은 말을 써 보시오.

현실 세계에 있으며 언제나 즐거운 곳

땅 위의 낙원

地 上 樂 園
지 　 낙 원

온 세상

하늘 아래 가득 찬

滿 天 下
만 천 　

겉으로는 부드럽고 순하게 보이나 속은 곧고 굳셈

겉으로만 봐서 몰라

外 柔 內 剛
유 　 　 강

더 낫고 더 못함의 차이가 거의 없음

누가 위고 누가 아래지?

莫 上 莫 下
막 　 막

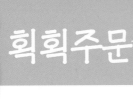

앞에서 읽어 낸 한자말은 능글능글이 더 이상 건드리지 않을 거야.

뜻과 소리를 외면서 한자를 획획 쓰면 확실히 그렇게 되지.

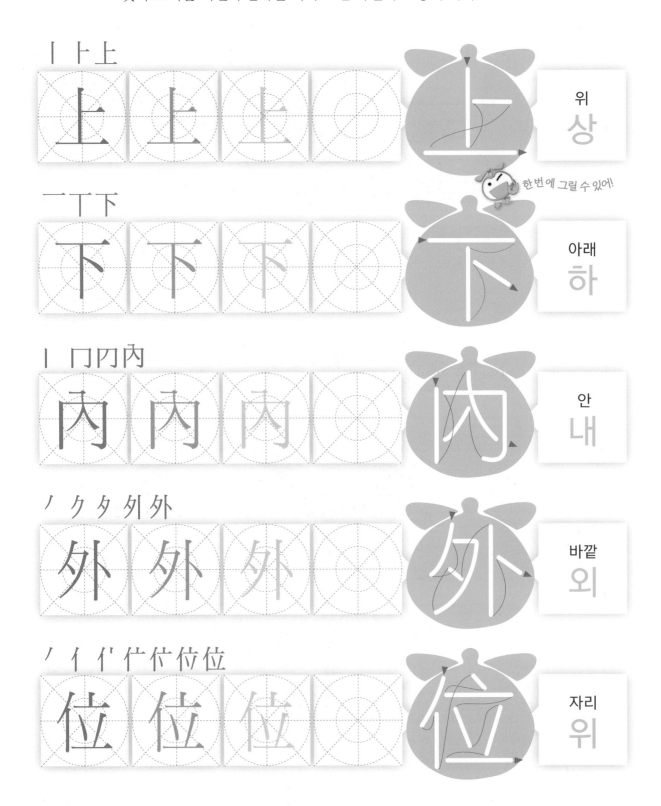

丨 卜 上		위 상
一 丁 下		한번에 그릴 수 있어! 아래 하
丨 冂 冂 内		안 내
丿 夕 夕 列 外		바깥 외
丿 亻 亻 亻 亻 位 位		자리 위

東 동녘 동
方 모(방향) 방
西 서녘 서
北 북녘 북
南 남녘 남

셋째 주
동서남북

동서남북에 대한 능글능글 한자말을
뎅글뎅글 읽어내자.

동서남북에 대한 말을 맛보기로 좀 볼까? 아래 짝지어진 네 개의 말 가운데 사전에 있는 말은 딱 하나야. 어느 말인지 가려내 표!

{ 동두칠성 · 서두칠성 · 남두칠성 · 북두칠성 }

동부 영화
·
서부 영화
·
남부 영화
·
북부 영화

사방치기
·
사쪽치기
·
사녘치기
·
사편치기

지동철
·
지서철
·
지남철
·
지북철

동이 틀 무렵
·
서가 틀 무렵
·
남이 틀 무렵
·
북이 틀 무렵

능글 독도 지도

능글능글이 독도 지도에도 손을 대었네. 동서남북 방향을 가리키는 말을
한자로 바꿔 버렸어. 바꿔 놓은 글자를 빈칸에 써 봐!

독도

울릉도에서
동南쪽 방向

동경 132°
北위 37°

西도

東도

능글 쪽지

제법이오. 요번 참에 내가 바꿔 버린 말들이오. 어떤 글자를 바꾼 것인지 읽어내 보시구려. 빈칸에 알맞은 글자를 써 보시오.

해 뜨는 **東**해

불어오는 **東**풍

보물 1호 **東**대문

西기 2023년

西산에 지는 해

西양 사람

상대**方**의 입장

백**方**으로 수소문

사**方**팔**方**으로 통하는 길

울긋불긋 **南**방셔츠

넓고 넓은 **南**태평양

햇볕 좋은 **南**향집

북극에 사는 **北**극곰

맛있는 **北**어 반찬

반짝반짝 **北**두칠성

그렇다면 말이야

제법 글 좀 볼 줄 아시는구만. 내가 바꾼 글자를 읽어낼 수 있는지 좀 더 따져 봅시다. 빈칸에 알맞은 글자를 써 보시오.

東해는 동쪽 바다
東대문은 동쪽의 큰 성문
東방은 동쪽 지방

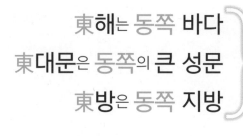

東은
□ 이라 읽고
동녘이란 뜻

西해는 서쪽 바다
西대문은 서쪽의 큰 성문
西유기는 중국 서쪽인
인도로 가는 이야기

西는
□ 로 읽고
서녘이란 뜻

南해는 남쪽 바다
南대문은 남쪽의 큰 성문
南극은 지구의 남쪽 끝

南은
□ 이라 읽고
남녘이란 뜻

北해는 북쪽 바다
北극은 지구의 북쪽 끝
北방은 북쪽 지방

北은
□ 이라 읽고
북녘이란 뜻

후方은 중심의 뒤쪽 방향
사方은 동, 서, 남, 북의 네 방향
동남方은 동남쪽 방향

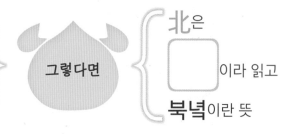

方은
□ 이라 읽고
방향이란 뜻

난 아무 말이나 한자로 바꾸지 않는다오. 어떤 뜻을 품고 있는 말만 한자로
바꾸지. 주어진 뜻을 품고 있는 한자말을 가려내 ⃝표 해 보시오.

우동 — 동녘 동 — 극동

서해 — 서녘 서 — 서울

강남 — 남녘 남 — 만남

북채 — 북녘 북 — 북극

후방 — 모 방 — 가방

모는 방향을 뜻하기도 해.

왠지 땀이 나는구려. 이번엔 한자말 티셔츠요. '뜻과 소리'에 맞는 한자가 있는
티를 찾아 ◯표 해 보시오. 다 찾아낸다면 한두 장 거저 드리겠소.

동녘 [동]	동녘 [동]	동녘 [동]	동녘 [동]
東	束	來	車

서녘 [서]	서녘 [서]	서녘 [서]	서녘 [서]
西	兩	面	雨

남녘 [남]	남녘 [남]	남녘 [남]	남녘 [남]
吉	克	市	南

북녘 [북]	북녘 [북]	북녘 [북]	북녘 [북]
比	非	北	背

모 [방]	모 [방]	모 [방]	모 [방]
亡	方	文	之

막 다른 길

마구 다른 길로 가게 해야겠구만. 이정표 꼭대기의 한자가 쓰이지 '않은' 낱말을 골라낼 수 있소? 제대로 골라낸다면 제 길로 가겠지. 골라내 ◯표 해 보시오.

동녘
東

동남아
아시아의 동남부 지역

동해안

동물원

남녘
南

남극
펭귄이 사는 곳

남탕

남도
전라도, 경상도 등등

서녘
西

서대문

서기
학급회의를 기록해

서해

북녘
北

북극해
북극 주변의 바다

북한
한반도 북쪽 지역

북새통
야단법석, 시끌벅적

모
方

책방
책 파는 가게

변방
국경 근처

지방
서울 이외의 지역

말 뻥튀기

에잇, 못하는 게 없군! 한자말을 길게 튀겨 내는 말 뻥튀기요! 길게 설명한 말을 살펴보고 알맞은 한자 2개를 골라내 ◯표 해 보시오.

{ 남녘 ⟨南⟩   서녘 西   향할 ⟨向⟩ }

{ 모 方   동녘 東   서녘 西 }

우리 집은 **남쪽**으로 **향한** 집이다.

길은 **동쪽**과 **서쪽**으로 나 있다.

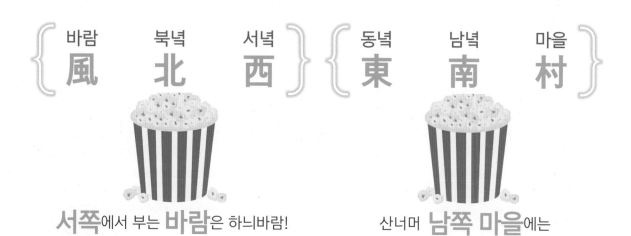

{ 바람 風   북녘 北   서녘 西 }

{ 동녘 東   남녘 南   마을 村 }

서쪽에서 부는 **바람**은 하늬바람!

산너머 **남쪽 마을**에는

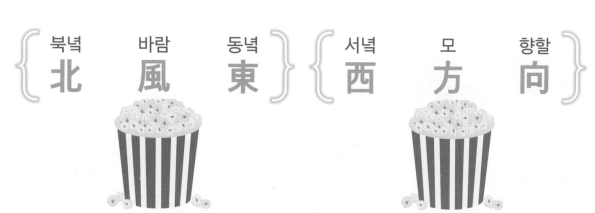

{ 북녘 北   바람 風   동녘 東 }

{ 서녘 西   모 方   향할 向 }

차가운 **북쪽 바람**이 불어온다.

어느 **쪽**으로 **향**해 가야해?

이方저方

세상에나, 너무 능숙하군. 그래도 '모 方'을 제대로는 모를 거요. 마인드맵을 살펴보고, 方의 여러 뜻을 알맞게 써 보시오.

두 척을 묶어서 타던
통나무배의 모습을 본뜬 글자

통나무배는 모나게 생겨서,
네모 혹은 '모'를 뜻하게 됨

통나무배의 모난 부분은
어떤 '방향'을 가리키니까

가리키는 쪽으로 가면
어떤 '지역'에 닿으니까

통나무배는 물을 건너거나
물자를 나르는 '수단'

헛방 한 방

헉! 내가 애쓴 것이 헛방이 되다니. '方'의 뜻을 다 알았단 말이오? 그렇다
면 주어진 뜻으로 쓰인 낱말을 골라 ◯표 해 보시오. 이건 더욱 강력한 한 방이오.

모

소파 위의
方席
방석

수단과
方法
방법

알맞은
方式
방식

지역

동서남북
四方
사방

어찌 할
方道
방도

서울이 아닌
地方
지방

방향

사투리
方言
방언

지도 위 축척과
方位
방위

구급
處方
처방

수단

쌍방통행 말고
一方通行
일방통행

기가 막힌 꾀
方策
방책

국경 근처
邊方
변방

한자말 랩을 한번 해 봅시다! 운으로 삼은 한자가 쓰인 낱말에 ◯표해 보시구랴.

열려라 참깨 **개방**, 알려 줘 너의 **행방**, 대한 독립 만세 **해방**

가슴이 벅차 **감동**, 어머 깜짝이야 **소동**, 아랍 지역은 **중동**

범인 수갑 **경찰서**, 문제 정답 **교과서**, 파리 에펠탑 **불란서**

친구 따라간 **강남**, 소개받은 **미남**, 운명적인 **만남**

동네방네 **동네북**, 이상야릇 **기네스북**, 사방팔방 **동서남북**

숨은 한자말 찾기

으허헉, 동서남북을 완전히 아는 거요? 에잇, 소리가 같은 말에 숨겨 놓아도 동서남북을 알아보겠소? 내보인 한자가 쓰인 낱말을 골라 ◯표 해 보시오.

기 있는 사람만이 충실한 인생을 살아갈 수가 있다. 사그라져 가던 불이 살 서녘 西

않았다. 서**기**는 글의 끄트머리에 서**기** 2023년 7월 27일이라고 쓴다. 그렇

잊었던 기억이나 느낌 등이 다시 생각났던 것이었다. 승준은 아무도 모르게 집

을 나섰다. 거리에는 **모 方** 개미 한 마리 보이지 않았다. 왠지 쓸쓸하고 음

"선생님, **지방** 출장을 갔다 오시더니 몸 안의 **지**방이 쏙 빠지셨네요. 많이

컴퓨터 키보드에서 다른 자판의 기능을 바꾸기 위해 사용하는 글자판인데,

시프트키를 누르면 글자판 의 **남녘 南** 위에 있는 문자나 기호가 입력됩니다. 완손

"무슨 소리야, **호남** 사람은 모두 **호남** 이지. 물론 너처럼 예외도 있지만….

두 시간의 시차를 두고 두 사건이 연달아 일어났다. 외국에 장거리 전화를 걸 때

는 반드시 시차를 생각해야 한다. 앞의 일과 뒤의 일이 **동녘 東** 생기는 시간의

씀 드립니다. 늦게 오신 **동**문들은 바로 학교 **동문** 옆 고깃집으로 바로 가

잎 둥글고 두꺼우며, 이른 봄에 붉은 꽃이 피고 한국의 남해안 지역에 많은

꼬물꼬물 한자말

크흐흑, 살살 좀 하구려. 꼬리에 꼬리를 무는 한자말, 꼬물꼬물 한자말 끝말잇기요. 빈칸에 알맞은 글자를 써 완성해 보시오.

끝말잇기

남북동서방
南北東西方

탈 {북한에서 탈출하여 나옴}

극 {아시아의 맨 동쪽 지역}

해 {전라남도 남서쪽 끝, 땅끝마을}

동 {동쪽과 서쪽}

향 {향하여 나아가는 방향}

지구의 가장 북쪽이 되는 지점

우리나라의 동쪽 바다

남쪽과 동쪽 사이의 방향

서쪽으로 향함

옛사람 한자말

옛사람들이 만든 한자말도 한번 알아보겠소? 뜻풀이를 보고 빈칸에 알맞은 말을 써 보시오.

여기저기 날쌔게 돌아다님을 이르는 말

동쪽에 나타났다 금세 서쪽에 나타나고

☐에 번쩍 ☐에 번쩍
東　　西

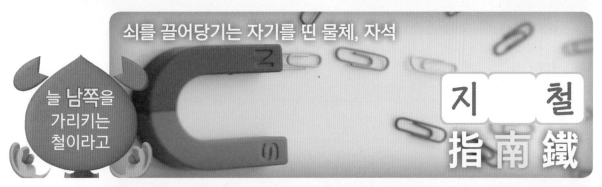

쇠를 끌어당기는 자기를 띤 물체, 자석

늘 남쪽을 가리키는 철이라고

지☐철
指南鐵

무덤이 많은 곳이라 사람이 죽어서 묻히는 곳을 이르게 됨

옛날 중국 주나라의 서울 북쪽에 있던 산

☐망산
北邙山

몹시 급하게 허둥지둥 함부로 날뜀

어디가 하늘 방향이고 어디가 땅의 축인지 모르겠네

천☐지축
天方地軸

앞에서 읽어 낸 한자말은 능글능글이 더 이상 건드리지 않을 거야.

뜻과 소리를 외면서 한자를 획획 쓰면 확실히 그렇게 되지.

ㅑㅗㅎ方

方 方 方

모 방

한번에 그릴 수 있어!

ㅣㅓㅓㅓ北

北 北 北

북녘 북

ㅜㅜㅜㅠㅠ西西西

西 西 西

서녘 서

ㅜㅜㅜㅠㅠ車東東

東 東 東

동녘 동

ㅜㅜㅜㅠㅠㅠ南南南南

南 南 南

남녘 남

넷째 주
땅

地땅 지

土흙 토

山메 산

野들 야

原언덕 원

땅에 대한 능글능글 한자말을
뎅글뎅글 읽어내자.

짐작해보셈

땅에 대한 한자말로 몸 풀기를 해 볼까? 세 낱말을 살펴봐! 공통으로 있
는 글자와 뜻을 빈칸에 알맞게 써 봐.

명산	고산	청산
이름난 뫼(산)	높은 뫼(산)	푸른 뫼(산)

산 이란 글자가 있어.

뫼 란 뜻이 있어.

'뫼(메)'는 산의 옛날 말이야.

초원	평원	고원
풀이 나 있는 넓은 언덕	아주 넓게 펼쳐진 평평한 언덕	높은 데 있는 넓은 언덕

☐ 이란 글자가 있어

언 덕 이란 뜻이 있어.

평야	광야	산야
평평하고 너른 들	텅 비고 아득히 넓은 들	산과 들

☐ 란 글자가 있어.

☐ 이란 뜻이 있어.

토기	토양	토질
흙으로 빚은 그릇	식물이 자랄 수 있는 흙	흙의 성질

☐ 란 글자가 있어.

☐ 이란 뜻이 있어.

지면	지진	지형
땅의 거죽, 땅바닥	땅의 거죽이 흔들리는 현상	땅의 생김새

☐ 란 글자가 있어.

☐ 이란 뜻이 있어.

능글능글이 우리를 피해 어디론가 숨어 버렸어. 능글능글이가 숨은 곳의 지
도야. 지도의 한자를 읽어 내 써 봐. 그럼 능글능글이도 안 나타나고는 못 배길 거야.

얼렁뚱땅 地도

화山

土굴

고原

황野

바꿔주소

잘도 찾아오는군. 할 수 없지. 내가 맞서 주겠소. 자, 내가 주소 표지판을 바꿔 놓았소. 바꾼 한자를 읽어 빈칸에 써 보시오. 뭐, 땅 짚고 헤엄치기라고?

123 地옥
죄짓고 죽으면 간대!

123 地진
땅이 흔들흔들

123 地구
우리 사는 별. 땅

150 土담
흙으로 쌓은 담

150 土대
흙으로 다진 바탕

150 土성
흙으로 쌓은 성

012 고原
높은 곳의 너른 언덕

012 평原
평평한 언덕

012 초原
풀이 가득한 언덕

901 野구
들에서 하는 공놀이

901 野산
들 가까이의 낮은 산

901 野수
들짐승

34-2 등山
산으로 올라가

34-2 서山
해가 지는 산

34-2 빙山
산 같은 얼음덩어리

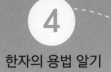

그렇다면 말이야

제법 글 좀 볼 줄 아시는구만. 내가 바꾼 글자를 읽어낼 수 있는지 좀 더 따져 봅시다. 빈칸에 알맞은 글자를 써 보시오.

명山은 이름난 산
청山은 푸른 산
등山은 산을 오르는 것

그렇다면

山은 ☐이라 읽고
뫼라는 뜻

고原은 **높은** 지역에 있는 넓은 **언덕**
평原은 아주 넓게 펼쳐진 **평평한** 언덕
초原은 **풀**이 나 있는 넓은 **언덕**

그렇다면

原은 ☐이라 읽고
언덕이라는 뜻

평野는 평평하고 **너른** 들판
광野는 텅 비고 아득히 **넓은** 들판
황野는 거칠고 **황량한** 들판

그렇다면

野는 ☐라 읽고
들판이라는 뜻

土기는 흙으로 빚은 **그릇**
土대는 흙으로 쌓아 올린 높은 **대**
土양은 식물을 **자라게** 하는 흙

그렇다면

土는 ☐라 읽고
흙이라는 뜻

地면은 땅의 **거죽** 또는 **땅바닥**
地진은 땅의 거죽이 **흔들리는** 현상
地역은 일정한 땅의 **구역**

그렇다면

地는 ☐라 읽고
땅이라는 뜻

뜻 품은 한자말

너무 땅땅거리지 마시오! 나는 아무 말이나 한자로 바꾸지 않는다오. 어떤 뜻을 품고 있는 말만 한자로 바꾸지. 내가 내보인 '뜻'을 품고 있는 낱말을 골라 ◯표 해 보시오.

능글능글 허깨비

끙, 머리가 아프군. 내가 내보인 '뜻과 소리'에 맞는 한자를 찾을 수 있소? 찾아서 ◯표 해 보시오.

메 **산** — 出　山　上　小

언덕 **원** — 反　源　原　庫

들 **야** — 野　理　務　豫

흙 **토** — 未　坐　王　土

땅 **지** — 域　地　場　境

못마땅해도

잘도 해내는구만. **못마땅해.** 그럼, 마땅하지 않은 한자말도 찾아보시오. 내 보인 뜻과 소리에 마땅하지 '않은' 한자가 쓰인 낱말이 있다오. 골라내 ◯표 해 보시오.

땅 지 地

땅 밑	토지	알아요
지하	**지역**	**지식**

흙 토 土

기후 날씨	국경 안의 땅	꼬치꼬치
풍토	**강토**	**검토**

언덕 원 原

풀밭	들판	아파요
초원	**평원**	**병원**

들 야 野

캠핑	밤중	나지막해
야영	**야간**	**야산**

메 산 山

도둑	셈하기	산줄기
산적	**산수**	**산맥**

축소하셈

얼렁뚱땅 해내다니. 그렇다면 긴 말도 한자를 써서 짧게 줄여 쓰는 비법, 축소하셈도 할 수 있으려나? 빈칸에 알맞은 한자말을 써 보시오.

이 지도에는 그런 **마을, 지역, 땅 따위의 이름**을 가진 곳이 없습니다.

이 지도에는 그런 땅 이름 **地 名** 을 가진 곳이 없습니다.

이 지도에는 그런 [ ] 을 가진 곳이 없습니다.

마을 **바깥의 들판** 공연장 주변은 구경꾼들로 들끓었다.

들 바깥 **野 外** 공연장 주변은 구경꾼들로 들끓었다.

[ ] 공연장 주변은 구경꾼들로 들끓었다.

그는 유명한 **이름난 산(메)**를 다니면서 온갖 식물들을 채집했다.

이름 산(메) 그는 **名 山** 을 다니면서 온갖 식물들을 채집했다.

그는 [ ] 을 다니면서 온갖 식물들을 채집했다.

버스가 지나가자 누런 빛깔의 흙먼지가 일었다.

누를 흙 버스가 지나가자 **黃 土** 먼지가 일었다.

버스가 지나가자 [ ] 먼지가 일었다.

고개를 넘자 눈앞에 너르고 고른 언덕이 펼쳐졌다.

평평할 언덕 고개를 넘자 눈앞에 **平 原** 이 펼쳐졌다.

고개를 넘자 눈앞에 [ ] 이 펼쳐졌다.

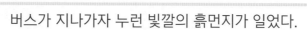

크으윽, 나 원 참. '原'자는 여러 가지 뜻을 품고 있다오. 이 뜻들도 알 수 있소?
마인드맵을 살펴보고 '原'의 여러 뜻을 써 보시오.

나지막한 언덕에서 솟아나는
샘물의 모습을 본뜬 글자

샘이 솟는 곳은 으레 평평한 땅보다
조금 높은 '언덕'

사물은 본바탕에서 비롯되고,
'시작' 하니까

샘은 시냇물이나 큰 강의 '본바탕'

비빌 언덕

원 참 나. 하지만 '原'자는 내가 비빌 언덕이고 말고. '原'이 쓰인 낱말 가운데 참 말로 '언덕'의 뜻이 있는 것에 ◯표 해 보시오. 쉽지 않기를 원함!

언덕

원

고개를 넘어가자 눈앞에는 드넓은 **평원(平原)**이 펼쳐졌다.

이 작품은 여러 차례 고쳐서 **원본(原本)**과는 줄거리가 다르다.

5마리 개들이 끄는 썰매는 눈 덮인 **설원(雪原)**을 바람처럼 달렸다.

어휴, 이렇게 팔다가는 **원가(原價)**도 나오지 않을 텐데.

이 음료수는 100% 오렌지 과즙을 **원료(原料)**로 해서 만들었대.

개마**고원(高原)**은 한반도의 지붕이라 불린다.

이 문제는 **원점(原點)**에서 다시 시작하자.

마치 아프리카 **초원(草原)**에서 얼룩말 떼가 달리는 소리 같아.

한자말랩

한자와 한글 호환하기

괜히 땅땅거렸나? 에잇, 땅 한자 랩 배틀을 해 봅시다. 내보인 한자를 운으로 삼아 한자말랩을 펼쳐보겠소. 운으로 삼은 한자가 쓰인 낱말을 찾아 ◯표 해 보시오.

열심히 공부하자는 **의지**!

그 누구도 출입 **금지**

여기는 나만의 **기지**

양떼가 몰려가는 곳은 **초원**

환자가 몰려가는 곳은 **병원**

학생들이 몰려가는 곳은 **학원**!

달도 별도 없이 캄캄한 **심야**

나 홀로 소리쳐 보는 드넓은 **광야**

돌아오는 소리는 "야, **누구야**!"

속이 메슥메슥 결국 **구토**

무얼 잘못 먹었을까 **검토**

이런 이런 알고 보니 **점토**!

다리가 아파 죽을 뻔한 **등산**

머리가 아파 죽을 뻔한 **계산**

엄마가 배 아파 죽을 뻔한 **출산**!

70 • 한자 어휘 바탕 다지기

에잇 망했땅! 소리가 같은 한자말을 꺼내야겠군. 주어진 한자가 쓰인 낱말을 골라 ◯표 해 보시오.

나침반이 없을 때, 산에서는 나뭇가지에 달린 리본과 지도를 이용해 길을

땅地

아이들 **지도**하실 때, 인터넷 **지도**를 이용하여 주세요. 사회과부도를 쓰셔

70년경 베스파시아누스 황제에 의해 건설이 시작되었으며, 80년에 건축이 끝

나 100일 축제 기간 동안 그의 아들인 티투스 황제가 언덕原 개막식을 올렸다.

콜로세움은 본래 로마의 **원형** 경기장 이야. 이건 그 **원형**을 따라 지은 거야.

것을 가리키는데, 일반적으로 묘라고 하는 경우, 분묘는 물론, 사체를 유기한 장소

나 바위 등에 메山 구멍을 파서 매장한 것, 또는 의미하는 경우가 많다.

할머니 **산소**에 가면 왜 이렇게 공기가 맑아요? 그건 공기 중에 **산소**가 많아서 그

동작, 표정, 말투 등을 지시하는 부분. 地 땅 지, 文 글월 문 희곡은 무대 상연을

위한 연극의 대본이기 때문에 희곡에는 인물이 어떤 동작이나 표정,

땅地

1. 아래의 **지문**을 읽고, 사람의 **지문**을 이용할 수 있는 곳은 어디라고 했

잎 둥글고 두꺼우며, 이른 봄에 붉은 꽃이 피고 한국의 남해안 지역에 많은

하나를 알더니 둘도 아는 거요?. 그렇다면 빈칸의 한자말이 무엇인지 알겠소? 안다면 빈칸에 알맞게 써 보시오. 제발 하나만 알고 둘은 모르기를.

못되고 모자라는 **점**은 **단점**

중요하게 여겨야 할 **점**은 **중점**

이로운 **점**은 **이점**

그렇다면

땅 위의 일정한 점은?

☐ **점**

쇠로 만든 **그릇**은 **철기**

물건을 담는 **그릇**은 **용기**

음식을 담는 **그릇**은 **식기**

그렇다면

흙으로 빚은 그릇은?

☐ **기**

다 같이 지키기로 정한 **법**은 **규칙**

정한 **법**을 어기는 것은 **반칙**

법을 어긴 행위에 대한 벌은 **벌칙**

그렇다면

본바탕이 되는 법은?

☐ **칙**

들에서 나는 나물은 **야채**

들에 사는 사나운 짐승은 **야수**

산에 오르는 것은 **등산**

산에서 내려오는 것은 **하산**

그렇다면

들판 가까이의
낮은 산은?

☐ ☐

옛사람 한자말

미운 놈 떡 하나 더 준다 했소. 옛소, 옛사람들이 만든 땅 한자말이오. 풀이를 보고 빈칸에 알맞은 말을 써 보시오. 땅 짚고 헤엄치기요.

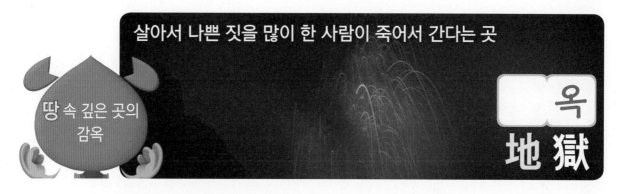

살아서 나쁜 짓을 많이 한 사람이 죽어서 간다는 곳

땅 속 깊은 곳의 감옥

　 옥
地 獄

옛날 죄인을 귀양 보내던 삼수와 갑산 지방처럼 몹시 어렵고 힘든 지경

함경도 삼수와 갑산이란 곳

삼 수 갑 　
三 水 甲 山

테니스는 뜰에서 하는 공놀이. 그보다 너른 들에서 하는 공놀이가 이것

들에서 하는 공 치고 공 받기

　 구
野 球

별자리가 나누어진 것처럼 갈래지어진 곳이나 나누어진 곳

나누어 놓은 들, 본래는 별자리

　 분
分 野

앞에서 읽어 낸 한자말은 능글능글이 더 이상 건드리지 않을 거야.

뜻과 소리를 외면서 한자를 획획 쓰면 확실히 그렇게 되지.

한번에 그릴 수 있어!

一十土

土 土 土

흙
토

丨山山

山 山 山

메
산

一十土 圵坩地地

地 地 地

땅
지

一厂厂厂厂厈厈厡原原原

原 原 原

언덕
원

丨冂冃日旦旦甲里里野野野野

野 野 野

들
야

村 마을 촌

街 거리 가

城 재 성

市 저자 시

都 도읍 도

다섯째 주
마을

마을에 대한 능글능글 한자말을
뎅글뎅글 읽어내자.

능글능글이 마을을 찾아간대. 괴짜 같은 짓을 하려고 하겠지? 우리가 막아 보자고. 아래 낱말을 바르게 풀이한 것이 왼쪽과 오른쪽 어느 것인지 가려서 ◯표 해 줘.

크지 않은 개울, 시내를 따라 다니는 버스	**시내버스**	도시 안에서 일정한 길을 따라 다니는 버스
밤에 길을 밝히기 위해 길가에 높이 달아 놓은 등	**가로등**	가로로 길쭉하게 생긴 등
수돗물을 받아 쓸 수 있는 권리	**수도권**	수도인 서울과 서울 근처 지역
모래를 성처럼 쌓은 것	**모래성**	모래처럼 쉽게 허물어지는 성질
사는 마을 주변에 가까이 있는 이웃 마을	**이웃사촌**	이웃에 살면서 정들어 사촌처럼 가까운 이웃

능글 리포트

능글능글이 어느 기자의 방송 원고에 손을 대었네. 능글능글 마을과 관계있는 낱말들인 거 같아. 바뀐 글자를 짐작해 빈칸에 써 줘.

☐

네, 저는 능글 **민속村**에 나와 있습니다.

☐

마침 **城문** 앞에서 난장이 열렸습니다.

☐

난장은 장날이 아닌 날 여는 **市장**입니다.

☐ ☐

都시에 있는 **상街**와 아주 다른 풍경이

펼쳐지고 있습니다.

깜짝이야, 잘도 하는군. 우리 동네 마을버스 정류장이오. 내가 한자로 바꾼 말을 빈칸에 써 넣으면 원하는 곳에 내려 드리리다.

고기잡이하는 사람들의 마을

산 속의 마을

지구 사람들의 공동체

중심이 되는 거리

도시의 큰 길거리

상점들이 늘어선 거리

市청
시의 일을 하는 관청

市장
물건을 사고파는 곳

도시의 안

수都
서울

都심
도시의 중심부

많은 사람이 모여 사는

城문
성으로 드나드는 문

도城
도읍 둘레에 쌓은 성

산城
산에 쌓은 성

그렇다면 말이야

제법 글 좀 볼 줄 아시는구만. 내가 바꾼 글자를 읽어낼 수 있는지 좀 더 따져 봅시다. 빈칸에 알맞은 글자를 써 보시오.

산村은 **산촌**이고, **산속**에 있는 마을
강村은 **강촌**이고, **강가**에 있는 마을
남村은 **남촌**이고, **남쪽**에 있는 마을

그렇다면

村은 ☐ 이라 읽고
마을이란 뜻

상街는 **상가**이고, 가게가 죽 늘어선 거리
주택街는 **주택가**이고, 살림집이 늘어선 거리
街로수는 **가로수**이고, 거리에 심은 나무

그렇다면

街는 ☐ 라 읽고
거리란 뜻

수都는 **수도**이고, 서울로 정한 도읍
고都는 **고도**이고, 옛날의 도읍
천都는 **천도**이고, 도읍을 옮김

그렇다면

都는 ☐ 라 읽고
도읍이란 뜻

城문은 성문이고, 재(성)의 정문
城주는 성주이고, 재(성)의 주인
城벽은 성벽이고, 재(성)의 담벼락

그렇다면

城은 ☐ 이라 읽고
재(성)이란 뜻

市장은 시장이고, **저자**가 열리는 마당
市판은 시판이고, **저자**에 내다 파는 것
市중은 시중이고, **상품**이 거래되는 저자

그렇다면

市는 ☐ 라 읽고
저자라는 뜻

뜻 품은 한자말

너무 으쓱대지 마시오! 나는 아무 말이나 한자로 바꾸지 않는다오. 어떤 뜻을 품고 있는 말만 한자로 바꾸지. 내가 내보인 '뜻'을 품고 있는 낱말을 골라 ◯표 해 보시오.

 '저자'는 글쓴이라는 뜻이 아니고 '시장'이라는 뜻의 옛날 말이야.

 옛날 말로 임금이 사는 대궐이 있는 서울이야.

 '재'는 높은 고개. 성은 으레 이런 곳에 있어서 성을 재라고 해.

으허헉, 예상을 뛰어넘는구만! 버스 표지판도 읽어 보시오. 내가 내보인 '뜻과 소리'에 맞는 한자가 있는 표지판을 찾아 ◯표 해 보시오.

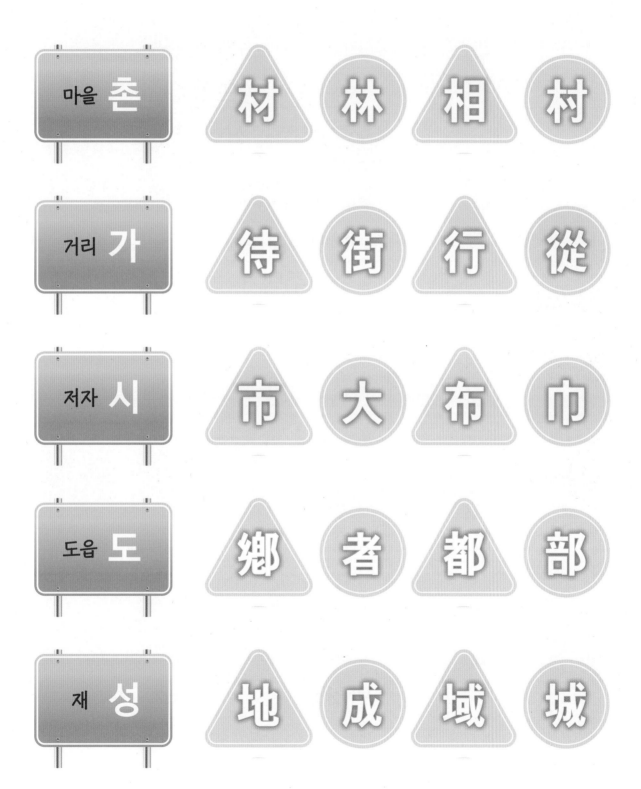

마을 촌 　 材 　 林 　 相 　 村

거리 가 　 待 　 街 　 行 　 從

저자 시 　 市 　 大 　 布 　 巾

도읍 도 　 鄕 　 者 　 都 　 部

재 성 　 地 　 成 　 域 　 城

아직 멀었소. 날 보려면 능글장승부터 만나야 하오. 능글장승 지하아니군이 중얼거리는 말을 살펴보시오. 내가 내보인 뜻과 소리에 맞지 '않는' 낱말을 찾아 ◯표 해 보시오.

마을
촌
아니군

우리는 갈매기가 나는 **어촌**으로 피서를 갔다.

아무리 봐도 시골 **촌뜨기** 같은데?

현서는 촌수로 치면 **사촌** 형제가 된다.

거리
가
아니군

컴퓨터에 관해서는 거의 **전문가** 수준인걸.

도시의 **번화가**는 한밤중에도 불빛으로 훤하다.

이 동네는 **주택가**라 밤에는 차가 드물다.

저자
시
아니군

이 약은 **시중**의 약국 어디서나 구할 수 있다.

거리에서 **시민**들과 인터뷰를 해 보겠습니다.

정말 **시간** 가는 줄 모르고 놀았어요.

도읍
도
아니군

도심은 언제나 교통이 복잡하다.

거기는 걸어서 한 시간 **정도** 걸린다.

서울을 **수도**로 정한 지 600년이 훨씬 넘었다.

재
성
아니군

강아지도 사람처럼 **성격**이 있다고 합니다.

만리장성은 길이가 약 2,400㎞나 됩니다.

마침내 적의 **성벽**이 허물어지기 시작했다.

지하아니군

능글벅수 천하줄였군

지하아니군이 봐준 것 같군. 능글벅수 천하줄였군도 만나 보시오. 기다란 말을 한자말로 줄여 쓰기를 좋아하지. 그대들이 제대로 줄여 쓰면 길을 내줄 것이오.

추수철 주민들이 농사짓는 마을은 바쁘다.

농사 마을
추수철 **農 村** 은 바쁘다.

추수철 **농**　 은 바쁘다.

한길을 비추는 거리를 밝히는 등의 불빛이 환하다.

거리 길 등
한길을 비추는 **街 路 燈** 의 불빛이 환하다.

한길을 비추는 **　 로 등** 의 불빛이 환하다.

공원 옆 도시에 사는 사람들을 위한 회관

저자 백성
공원 옆 **市 民** 회관

공원 옆 **　 민** 회관

경주는 천년 역사를 가진 신라의 옛 도읍이다.

옛 도읍
경주는 천년 역사를 가진 신라의 **古 都** 이다.

경주는 천년 역사를 가진 신라의 **고**　 이다.

서울 송파구에 있는 흙으로 쌓아 올린 성(재)은 백제시대의 것이라 한다.

흙 재
서울 송파구의 **土 城** 은 백제시대의 것이라 한다.

서울 송파구의 　　 은 백제시대의 것이라 한다.

천
하
줄
였
군

크으윽, 말문이 턱 막히는구만. 우리 동네로 들어오는 한자말 문이오. 문 안의
한자가 들어간 낱말을 찾아내 보시오. 제대로 ◯표 하면 문 안으로 들어와도 좋소.

마을 [촌]

村

우리 옆집에 사는 **삼촌**

우리 동네 **이웃사**촌

우리 사는 세상은 **지구**촌

아무도 안 사는 **유령 도**시

쳐다보니 **무시무**시

소름도 **슬며**시

저자 [시]

市

도읍 [도]

都

우리나라 **지도**

서울특별시는 **수도**

땅끝 마을 해남은 **전라도**

고기를 잡는 곳은 **바닷가**

즐비하게 늘어선 **식당가**

고기를 먹는 까닭은 **영양가**

거리 [가]

街

재 [성]

城

서울 하늘 아래 **한양도**성

사시사철 하늘 위에 **북두칠**성

하늘 밖에는 **인공위**성

숨은 한자말 찾기

살살 하시오, 살살! 에잇, 소리가 같은 한자말을 꺼내야겠소. 주어진 뜻의 한자가 쓰인 낱말에 ◯표 해 보시오.

길거리를 말한다. 생활권 주변 상가 사람들이 많이 거주하는 지역의 주변

거리 街

려한 간판이 즐비한 **상가**에서 초상집 등불을 켠 **상가**는 쉽게 찾을 수가 있

길회·경제·정치 활동의 중심이 되는 곳으로서, 항상 수천·수만 명 이상의 인구가 집단거주하여 가옥이 밀집되어 있고 교통로가 집중되어 있는 지역

저자 市

버스는 어느새 **시가**를 벗어났다. 시부모님이 사시는 이층집 **시가**가 눈에

인구가 집단거주하여 가옥이 밀집되어 있고 교통로가 집중되어 있는 지역

도읍 都

이 절처럼 스님들 **수도**하기 좋은 곳이 천만 명이나 사는 **수도** 서울에 또 있

동작, 표정, 말투 등을 지시하는 부분. 地 땅 지, 文 글월 문 희곡은 무대 상연을 위한 연극의 대본이기 때문에 희곡에는 인물이 어떤 동작이나 표정,

재 城

허물어질 대로 허물어진 **산성** 아래 비교적 **산성**에 강한 밤나무 숲이

잎 둥글고 두꺼우며, 이른 봄에 붉은 꽃이 피고 한국의 남해안 지역에 많은

내가 잘못 본 것이오? 너무 잘하는구려. 이것도 할 수 있소? 원고지 왼쪽 글의 { } 부분을 간단히 바꿔 쓸 수 있겠소? 오른쪽 말에서 알맞은 말에 ○표 해 보시오.

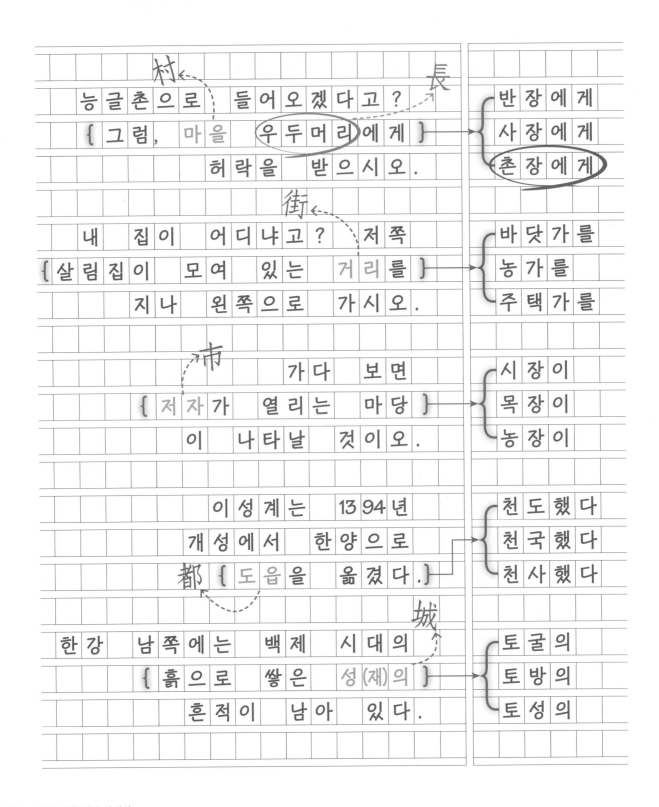

		능글촌으로		들어오겠다고?							
	{ 그럼,	마을	우두머리에게 }								
			허락을	받으시오.							

村 ←
長

반장에게
사장에게
(촌장에게)

내 집이 어디냐고? 저쪽
{ 살림집이 모여 있는 거리를 }
지나 왼쪽으로 가시오.

街 ←

바닷가를
농가를
주택가를

가다 보면
{ 저자가 열리는 마당 }
이 나타날 것이오.

市

시장이
목장이
농장이

이성계는 1394년
개성에서 한양으로
都 { 도읍을 옮겼다. }

천도했다
천국했다
천사했다

한강 남쪽에는 백제 시대의
{ 흙으로 쌓은 성(재)의 }
흔적이 남아 있다.

城 ←

토굴의
토방의
토성의

하나를 알면 둘을

참 끈덕지게도 잘하는구만! 내가 말하는 한자말이 무엇인지 알겠소? 안다면 빈칸에 알맞은 말을 써 보시오. 제발 하나만 알고 둘은 모르기 바라오.

노인을 **공경**하는 것은 **경**로
경험과 **공로**가 많은 **노인**은 **원**로
학문과 **덕**이 높은 **노인**은 **장**로

老는 '노'로도, '로'로도 읽지?

그렇다면

시골 마을의 노인은?

| | 로 |

우리 **군**의 **살림**을 하는 곳은 **군**청
우리 **구**의 **살림**을 하는 곳은 **구**청
우리 **도**의 **살림**을 하는 곳은 **도**청

그렇다면

시의 살림을 하는 곳은?

| | 청 |

중심이 되는 **부분**은 중심부
중심을 이루는 **땅**은 중심지
중심이 되는 **몸** 또는 **단체**는 중심체

그렇다면

중심이 되는 거리는?

| 중 | 심 |

건물의 **주인**은 건물주
백성이 **주인**이 됨은 민주
스스로 주인이 됨은 자주

그렇다면

한 성의 주인은?

| | 주 |

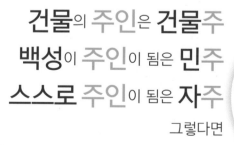

말 가리고 아웅

이거 왠지 내가 지는 느낌이…, 어떤 한자말의 한 구석을 순우리말로 바꾸어
놓았소. 한자말로 되돌려 보시오. 눈 가리고 아웅이 아니라 말 가리고 아웅이라오.

시골 마을에 살아서 도시 사람처럼 세련되지 못한 사람

"마을뜨기" → ☐뜨기

살림집들이 모여 있는 거리나 지역

"주택거리" → 주택☐

주택이나 가게가 많이 늘어서 큰 거리를 이룬 지역

"저자가지" → ☐가지

한 도시의 중심이 되는 지대

"도읍심지" → ☐심지

큰 길거리에 줄지어 심은 나무

"거리로수" → ☐로수

아이고, 그대가 마을 한자를 이렇게나 잘 알다니. 능글 마을을 새로 세워야겠소. 아래 세 성 가운데 하나에 말이오. 어떤 성인지 알겠소? 안다면 빈칸에 알맞은 말을 써 보시오.

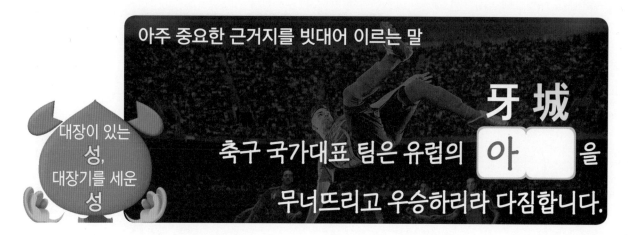

아주 중요한 근거지를 빗대어 이르는 말

대장이 있는 **성**, 대장기를 세운 **성**

牙城

축구 국가대표 팀은 유럽의 아 □ 을 무너뜨리고 우승하리라 다짐합니다.

등이 많이 켜져 있어 밤에도 대낮같이 밝고 번화한 곳

밤에도 해가 떠 있었다는 전설의 **성**

不夜城

깊은 밤에도 시내는 불 야 □ 이다.

방어 준비나 단결 상태가 아주 튼튼한 것을 빗대어 이르는 말

쇠로 만든 항아리처럼 튼튼하게 둘러싼 **성**

鐵甕城

이 팀의 수비는 정말 철 옹 □ 이다.

앞에서 읽어 낸 한자말은 능글능글이 어쩌지 못할 거야. 뜻과 소리를 외면서 한자를 획획 쓰면 확실히 그렇게 되지.

一 亠 亍 市 市

市 市 市

저자
시

한번에 그릴 수 있어!

一 十 オ 木 木 村 村

村 村 村

마을
촌

一 十 土 圤 圹 圹 圻 城 城 城

城 城 城

재
성

一 十 土 耂 耂 都 者 者 者 者 都 都

都 都 都

도읍
도

丿 彳 彳 彳 彳 徉 徉 徉 街 街 街 街

街 街 街

거리
가

世 세상

代 대신할

族 겨레

祖 할아버지

孫 손자

여섯째 주
세대

세

대

조

손

족

세대에 대한 능글능글 한자말을
뎅글뎅글 읽어내자.

겨레와 관계있는 한자말을 되찾아 오자. 먼저 몸 풀기! 세 낱말의 빈칸에 들어가는 한 글자는 무얼까? 눈치코치로 알아맞혀 봐. 알맞은 글자에 ◯표 하기!

조 대 세

조부	할아버지
증**조**부	아버지의 할아버지
원**조**	첫 대의 조상, 어떤 일을 처음으로 시작한 사람

남 여 손

☐자	딸의 아들, 아들의 아들
자☐	자녀와 손주들
자자손☐	여러 대의 자손들

세 살 기

☐상	사람들이 살고 있는 모든 사회
전☐계	온 세상
난☐	어지러워 살기가 힘든 세상

세 대 족

☐타	야구에서 정해진 타자를 대신해 공을 치기
☐역	원래 배우를 대신해 역할을 맡아 하는 사람
☐체	다른 것으로 대신함

족 손 대

한민☐	한국 민족과 그 후손
배달민☐	단군의 자손인 우리 민족
백의민☐	흰 옷을 즐겨입는 우리 민족

능글능글이 신문 기사 제목에다 손을 댔어. 바뀐 글자를 짐작해 빈칸에 써 줘.

만만찮아. 내가 신경을 좀 써야겠군. 스캔을 뜨고 있소. 어떤 글자를 바꾼 것인지 짐작해 빈칸에 써 보시오.

祖부
할아버지

祖국
조상 때부터 대대로 살던 나라

祖상
한 가족에서 할아버지 보다 먼저 산 사람

孫자
딸의 아들, 아들의 아들

자孫
자식과 손주

후孫
여러 대 지난 뒤에 자손

世상
사람이 살고 있는 모든 사회

출世
사회에서 유명해지는 것

별世
윗사람이 세상을 떠남

代타
정해진 타자를 대신해 공을 치는 사람

代행
남을 대신하여 행함

代역
정해진 배우의 역할을 대신하는 사람

가族
식구

민族
겨레

부族
같은 지역에서 생활하는 공동체

음, 내 예상이 빗나가는군. 그러나 이 한자말셈은 만만찮을 게요. 수식에 제시된 글자를 보고, 어떤 뜻인지 써 보시오.

손

후손(後孫) : 여러 대 지난 뒤의 자손

장손(長孫) : 한집안에서 맏이가 되는 후손, '맏손자'

왕손(王孫) : 임금의 손자나 자손

손孫 = 손 자

조

시조(始祖) : 맨 처음의 할아버지

선조(先祖) : 겨레의 할아버지

증조(曾祖) : 아버지의 할아버지

조祖 =

대

대역(代役) : 정해진 배우의 역할을 대신하는 사람

대타(代打) : 야구에서 원래 순번 타자를 대신하는 선수

대안(代案) : 대신할 다른 생각

대代 = 하 다

세

세계(世界) : 사람이 사는 세상

속세(俗世) : 상적인 현실의 세상

신세계(新世界) : 새로운 세상

세世 =

겨레는 같은 핏줄을 이어 받은 사람!

족

가족(家族) : 한 가정을 이룬 공동체. 겨레

부족(部族) : 같은 지역에서 생활하는 공동체. 겨레

친족(親族) : 혈통으로 가까운 관계의 공동체. 겨레

족族 =

끙, 너무 쉬웠나보군. 좋소, 이건 까다롭소. 이제 막 바뀌려는 한자말들이요.
한자를 찾아 색칠해 보시오.

카메라 자메라

쉬웠다고? 그럼 이것도 해 보시오. 글자를 찍는 카메라, 자메라요. 화면의 '뜻과 소리'에 알맞은 한자를 찾아 ◯표 해 보시오. 카메라 자메라 헤매라!

별소리 딴소리

윽, 왠지 밀리는 듯…. 핸드폰 대화 중이요. 대화창의 말 가운데 내보인 한자가 쓰이지 '않은' 낱말에 ◯표 해 보시오. 이것도 해낼 수 있소?

으으윽! 당황스럽구만. 자, 수준 높은 한자말랩이오. 운으로 삼은 한자가 쓰인 낱말을 찾아 보시랩!

대 대신할 代

상한 음식 **식대**는 **절대** 못 **낸대**

손 손자 孫

우리 **자손** **주먹손** 시원한 **효자손**

족 겨레 族

가는 데마다 **족족** **친족** 풍족

세 세상 世

자랑스런 **후세** 우리나라 **만세** 길이 **보전하세**

조 할아버지 祖

고주몽 아들 **온조** 백제 **왕조** 시조

긴 뜻 짧은 말

아, 완전히 망한 느낌이…. 그렇다면 긴 뜻 짧게 쓰기를 할 수 있소? 왼쪽 글에 표시된 말을 한자말로 바꿔 써 보시오. 오른쪽 글에 답이 되는 낱말이 숨어 있긴 하오만.

조상 때부터 대대로
살던 나라를 한시도
잊은 적이 없다고 해.

마침내 조국의 품으로
돌아오시게 되어
기뻐 하실거야.

나는 어릴 때부터
우리 **집안의 맏손자**라는
말을 듣고 컸어.

응, 너도 그러니?
나도 우리 집안의
장손이거든.

북한 사람들은 오랫동안
떨어져 있었지만 우리와
같은 **한겨레**입니다.

말도 풍습도 같은 민족이
갈라져 산다는 건
이상한 일인것 같아.

우리 전통 문화가
지금의 이 시대로 오면서
많이 사라지고 있답니다.

현대는 새로운 것이 많이
생기지만 잃어버리는 것도
많아요.

우사인 볼트는 100미터 경주에서
**사람들이 달성한 가장
뛰어난 기록**을 갖고 있어.

나도 경주를 봤어.
세계기록 보유자답게
정말 빠르더군.

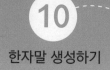

10
한자말 생성하기

같은 소리 다른 말

컥, 그마저도 그리 쉽게…. 이번엔 같은 소리 한자말들이오. 내보인 한자가
쓰인 낱말을 골라 ◯표 하시오.

세상
世

하인이 주인 (행세)를 하고 있잖아.

마을에서 **행세** 깨나 하는 사람이야.

그는 **행세**하는 집안의 아가씨래요.

○

할아버지
祖

거북선은 철갑선의 **시조**라고 합니다.

시조는 우리나라의 전통 시입니다.

할아버지는 **시조** 한 수를 읊어 주셨어.

○

겨레
族

잠이 **부족**해서 머리가 아파요.

문제를 푸는 데 시간이 **부족**하다.

두 **부족** 사이에서 전쟁이 일어났다.

○

대신할
代

시간당 5천 원씩을 **대가**로 받기로 했다.

피카소는 추상화의 **대가**이다.

한 분야에서 아주 뛰어난 사람을 **대가**라고 하지.

○

이런대 저런대

이런 이런, 깜놀이요. '代'는 대신하다, 세대, 시대라는 여러 가지 뜻이 있다
오. 이 뜻을 알맞게 빈칸에 쓸 수 있겠소?

바꾸다

代

줄 달린 화살로 활쏘기 연습을
반복하는 모양을 본뜬 글자.
같은 화살을 바꾸어 쏘니까, '바꾸다'

⬜⬜하다

실전에서는 다른 화살로 대신
바꾸어 쏘니까 '대신'하다는 뜻

⬜⬜

화살을 바꾸어 쏘듯, 아이가 커서
어른으로 바뀌니까 '세대'

⬜⬜

시간이 흐르면 새로운 시대로
바뀌니까 '시대'

말 되는 대로

크헉, 그리 어려운 풀이를 해냈단 말이오? '代'의 여러 가지 뜻을 구분해
놓았소. 주어진 뜻에 맞는 한자말을 골라 ◯표 해 보시오.

대신

먼 옛날
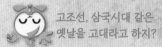
고대

고조선, 삼국시대 같은
옛날을 고대라고 하지?

나중 세대

후대

바꿔 넣음

대입

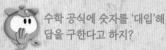
수학 공식에 숫자를 '대입'해
답을 구한다고 하지?

세대

할머니, 엄마, 딸
삼대

물론, 할아버지-아버지-아들도 삼대지.

맞바꿈
교대

가까운 옛날

근대

시대

정당하게 치러야지!
대가

물건 값
대금

지금

현대

물건이나 일의 값으로 치르는
돈이 대금.

대단한걸! 하지만 끝이 아니라오. 표시된 한자말에 알맞은 한자를 골라 ◯표
해 보시오. 이것도 할 수 있겠오?

우리 겨레의 **시조** {
처음 할아버지
始 祖
時 調
시 고르다
} 는 단군 할아버지입니다.

형 **대신** {
대신하다 몸
代 身
大 臣
큰 신하
} 심부름 좀 갔다 오렴.

우리나라 **초대** {
처음 시대
初 代
招 待
부르다 기다리다
} 대통령은 이승만이다.

이 조그만 마을은 **족장** {
겨레 우두머리
族 長
足 掌
발 손바닥
} 을 뽑아 다스린다.

그리스 신화의 아마존 **부족** {
거느리다 겨레
部 族
不 足
아니다 만족
} 은 여인들로만 이루어져 있다.

한 자만 바꿔

아아악, 이렇게 많은 한자말을 읽어냈단 말이오? 이것마저 할 수 있소? 한 자말을 글자 그대로 풀어 놓았소. 풀어 놓은 말을 빈칸에 제대로 써 보시오.

일이 안될 때 그 책임을 남에게 돌리는 태도를 빗댄 말

잘되면 제 탓, 못되면 남 탓

祖上

안되면 　 상 탓

물에 사는 생물의 겨레붙이를 모아 놓고 기르는 설비

간단히 말하면 아쿠아리움

水族館

수 　 관 에는 갖가지 물고기가 산다

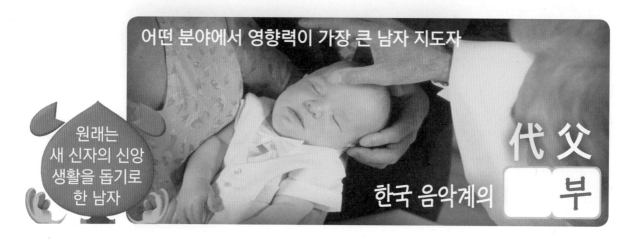

어떤 분야에서 영향력이 가장 큰 남자 지도자

원래는 새 신자의 신앙 생활을 돕기로 한 남자

代父

한국 음악계의 　 부

앞에서 읽어 낸 한자말은 능글능글이 더 이상 건드리지 못할 거야.

한자말의 뜻과 소리를 주문처럼 외면서 한자를 획획 써 보자.

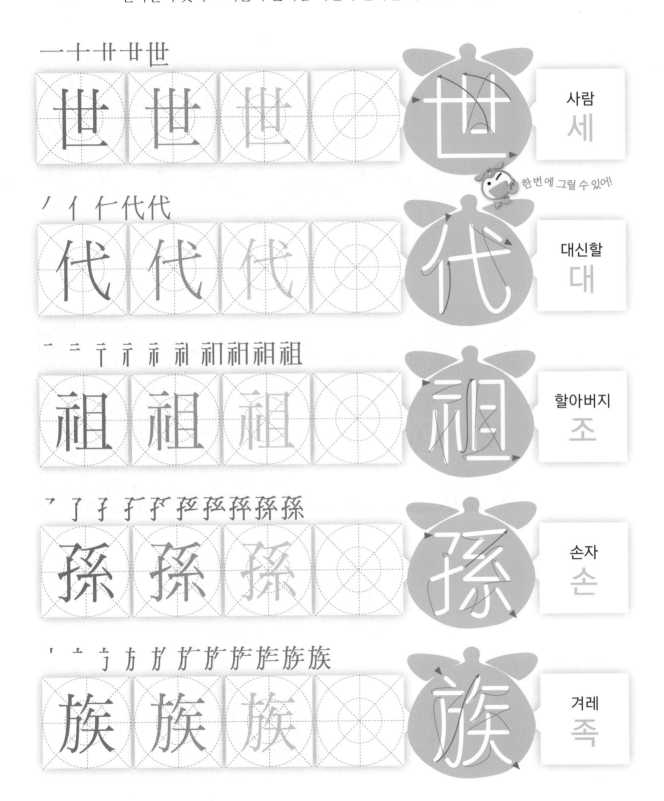

一 十 卄 卄 世

| 世 | 世 | 世 | |

世 — 사람 세

ノ イ 仁 代 代

| 代 | 代 | 代 | |

代 — 대신할 대

한번에 그릴 수 있어!

一 二 千 千 示 示 和 和 祖 祖

| 祖 | 祖 | 祖 | |

祖 — 할아버지 조

ユ 了 孑 孑 孖 孫 孫 孫 孫 孫

| 孫 | 孫 | 孫 | |

孫 — 손자 손

` 一 亠 方 方 扩 扩 扩 族 族 族

| 族 | 族 | 族 | |

族 — 겨레 족

체

體 몸

容 얼굴 용

면 面 낯

일곱째 주
생김새

口 입

目 눈

구

목

생김새에 대한 능글능글 한자말을
뎅글뎅글 읽어내자.

한자말 벌집

뎅글뎅글이랑 출발! 생김새에 대한 한자말을 알아보자. 벌집의 글자와 모두 어울려 한자말이 되는 글자가 뭘까? 보기에서 골라 빈칸에 써 봐.

능글능글은 책을 좋아해. 책이 좋다고 책에도 손을 대었네. 바꿔 놓은 글자가 무엇일지 짐작해 빈칸에 써 봐.

세계 역사
100장面
☐

생활
體육
☐

口연
☐
동화 교실

☐
目격자
나는 보았다

멋진 머리
미容실
☐

흥, 너무 쉬웠지요? 이번엔 납작코를 만들어 드리겠소. 낱말을 모아 같은 한자를 휙휙 바꿨소. 내가 바꾼 한자를 읽어 낼 수 있소? 읽어 내 빈칸에 써 보시오.

그 사람의 화려한 옷차림은 사람들의 주**目**을 끌었다.

올림픽이 열리는 한국에 온 세계의 이**目**이 쏠리고 있다.

선생님, 그림에 대한 안**目**이 높으시군요.

目

학교 급식이 늘 내 **口**미에 맞는 것은 아니다.

하나 둘, 하나 둘! 선생님이 **口**령을 붙였다.

이번 어린이 환경 동화 **口**연 대회에 참가하지 않을래?

口

누나는 요즘 들어 피부 미**容**에 부쩍 신경을 쓴다.

윤수는 썩 잘난 **容**모는 아니지만 왠지 멋있지 않니?

나는 그 책의 내**容**을 정확히 이해하지 못했다.

容

자동차는 인**體**에 해로운 가스를 뿜어낸다.

그들의 정신과 육**體**는 하루가 다르게 무럭무럭 자랐다.

수많은 쥐나 토끼가 생**體** 실험에 이용되고 있습니다.

體

전학 온 첫날, 친구들과 처음으로 대**面**했다.

얼굴에 복**面**을 쓴 강도가 은행에 침입했다.

아빠가 아침마다 **面**도를 하는 모습이 신기했다.

面

흠, 자신만만하시구랴. 한자말 분자식이오. 한자말의 속이 어찌 이루어졌는
지 살펴본 것이오. 분자식을 보고 빈칸에 알맞은 말을 써 보시구랴.

면담(面談): 서로 낯을 대하고 이야기함

면도(面刀): 낯에 난 잔털이나 수염을 깎음

대면(對面): 서로 낯을 마주 보고 대함

면 = 面 = ☐

구미(口味): 음식을 먹을 때 입에서 느끼는 맛

식구(食口): 끼니를 같이하는 입, 곧 가족.

가구(家口): 한 집에서 끼니를 같이하는 입들

구 = 口 = ☐

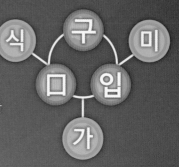

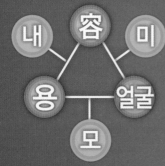

미용(美容): 얼굴이나 머리를 아름답게 매만짐

용모(容貌): 사람의 얼굴 모양

내용(內容): 속의 얼굴, 실제의 뜻

용 = 容 = ☐☐

인체(人體): 사람의 몸

하체(下體): 몸의 아랫부분

체감(體感): 몸으로 느낌

체 = 體 = ☐

이목(耳目): 귀와 눈, 다른 사람의 주의나 관심

목례(目禮): 눈으로 하는 가벼운 인사

목격(目擊): 눈으로 직접 봄

목 = 目 = ☐

너무 으스대지 마시오. 바꾸고 싶은 한자가 훤히 보이는 엑스레이요. 내가 바꾸려는 한자가 무엇인지 알겠소? 안다면 읽어내 빈칸에 써 보시오.

'容'에는 '담다'라는 뜻도 있어. 담는 그릇!

만만찮은 시력, 아니 실력이구만. 어디 한자로 시력검사를 해 봅시다. 내가 불러주는 '뜻과 소리'에 맞는 한자를 찾아 ◯표 하시오.

낮 면	0.4	面	西	而	酉	0.4
	0.5	4	리	◡	ㅋ	0.5
	0.6	7	도	◡	ㄴ	0.6
입 구	0.4	因	田	回	口	0.4
	0.5	4	리	◡	ㅋ	0.5
	0.6	7	도	◡	ㄴ	0.6
얼굴 용	0.4	容	宮	常	谷	0.4
	0.5	4	리	◡	ㅋ	0.5
	0.6	7	도	◡	ㄴ	0.6
몸 체	0.4	農	體	禮	豊	0.4
	0.5	4	리	◡	ㅋ	0.5
	0.6	7	도	◡	ㄴ	0.6
눈 목	0.4	自	日	月	目	0.4
	0.5	4	리	◡	ㅋ	0.5
	0.6	7	도	◡	ㄴ	0.6

흠, 괜찮은 눈을 가졌구려. 어디 다시 해 봅시다. 내가 신문을 스크랩해 작품으로 꾸며 보았소. 내보인 한자가 쓰이지 '않은' 낱말을 찾아 ◯표 해 보시오.

體

몸
체

한수가 또 **체**해서 병원에 갔다 왔다. **체격**은 멀쩡한 애가 왜 맨날 그 모양일까? 아마 위장이 약한 **체질** 탓이겠다. 제 아

남은 **라면** 봉지 두 개를 준비하세요. **표면**을 깨끗이 닦아냅니다. 그런 다음, **양면**테이프를 붙이세요. 잘 붙어 있도록 고루 누르시면 됩니다.

낯
면

面

口

입
구

새로운 가족 **구**성 부모 형제, 자녀 없이 혼자 사는 사람들을 1인 **가구**라고 해요. 현재 우리나라의 네 집 중 하나는 1인 **가구**라고 합니다. 우리 집처럼 **식구**가 다섯인 집도 드물지요.

여러분, 피부 **미용**에 신경 많이 쓰시죠? 이거 하나 **사용**하면 걱정 끝이랍니다. 꼼꼼히 **내용**을 검토해 보시고 바로 결정하세요!

얼굴
용

容

目

눈
목

그 사람은 창문을 내리고 가벼운 **목**례를 했다. "어디로 가세요? **목적지**가 같으면 태워 드리지요."라고 무척 상냥한 **목소리**로 말했다.

에잇, 대단하구만. 수준을 높여야겠소. 기다란 말도 한자말로 써서 줄여
쓰는 비법, 줄이고고요. 긴 말을 짧게 줄인 한자말을 완성해 보시오.

뜻밖의 **얼굴을 마주 함**에 할 말을 잃었다.

대할 대　낯 면

뜻밖의 **對 面** 에 할 말을 잃었다.

뜻밖의 **대** ☐ 에 할 말을 잃었다.

사람들의 **눈과 귀**를 생각하지 않는다.

귀 이　눈 목

사람들의 **耳 目** 을 생각하지 않는다.

사람들의 **이** ☐ 을 생각하지 않는다.

입으로 말하기 시험은 어려워요.

입 구　펼 술

口 述 시험은 어려워요.

☐ **술** 시험은 어려워요.

참 깔끔한 **얼굴 모양**을 지녔습니다.

얼굴 용　모양 모

참 깔끔한 **容 貌** 를 지녔습니다.

참 깔끔한 ☐ **모** 를 지녔습니다.

무리하게 **몸의 무게**를 빼서는 안 돼.

몸 체　무거울 중

무리하게 **體 重** 을 빼서는 안 돼.

무리하게 ☐ **중** 을 빼서는 안 돼.

알뜻말뜻그럴뜻

흥! 한자는 여러 뜻이 있다오. '뜻'에 따라 낱말을 골라 이어 보시오. 매우 어렵지요? 으하하!

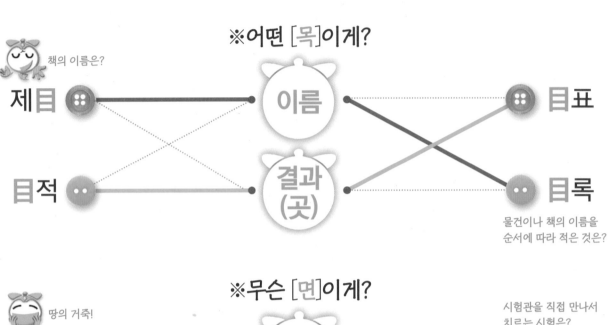

※어떤 [목]이게?

책의 이름은?

제目 ─── 이름

目적 ─── 결과 (곳)

目표

目록

물건이나 책의 이름을
순서에 따라 적은 것은?

※무슨 [면]이게?

땅의 거죽!

지面 ─── 겉

面회 ─── 만남

시험관을 직접 만나서
치르는 시험은?

面접

표面

군대 간 오빠를 만나는 일은?

우툴두툴한 달 표면.

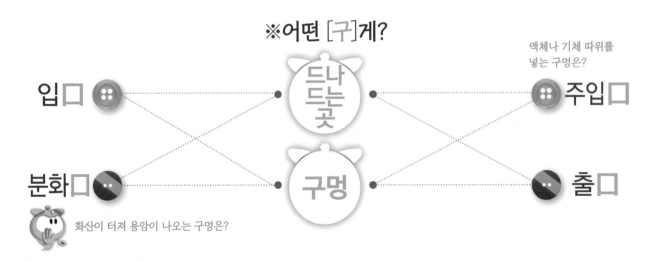

※어떤 [구]게?

입口 ─── 드나
드는
곳

분화口 ─── 구멍

액체나 기체 따위를
넣는 구멍은?

주입口

출口

화산이 터져 용암이 나오는 구멍은?

숨은 그림자 찾기

끄응, 그걸 해내다니! 다시 한 번 봅시다. 한자를 내보이겠소. 세 개의 낱말 가운데 내보인 한자가 쓰인 낱말을 골라 ◯표 해 보시오.

몸	體	튼튼한 **신체**	잘난 **체**	본 **체** 만 **체**
눈	目	건널**목**	조각상 **제목**	뒷골**목**
낯	面	맛있는 **짜장면**	하마터**면**	외**면**
얼굴	容	조**용**조**용**	미**용**	부작**용**
입	口	문방**구**	출입**구**	친**구**

말 줄여 쓰기

이거 땀이 삐질삐질 나는군. 설마 원고지의 { } 부분을 간단히 바꿀 수 있소? 오른쪽에서 답이 되는 말에 ◯표 해 보시오.

面

공이 갑자기
{ 바로 마주 보이는 쪽에서 }
날았습니다.

정면에서
정답에서
정상에서

口

오늘 저녁에는
{ 입에서 느끼는 맛의 느낌을 }
당기는 음식이 많다.

취미를
의미를
구미를

目

아이는 자기가
{ 눈으로 직접 본 }
것처럼 이야기했다.

반격한
목격한
공격한

容

남은 음식은
{ 물건을 담는 그릇에 }
담아 냉장고에 보관해라.

무기에
악기에
용기에

體

난 이런 게
{ 타고난 몸의 성질에 }
안 받는 모양이야.

체질에
물질에
품질에

괄호 속 말

으윽, 너무 잘 하는구려. 글을 살펴보고, 알맞은 한자를 골라 ◯표 해 보시
오. 쉽지 않지요? 흐하하하.

저수지 **수면** { 물 낮
 水 面
 睡 眠
 졸음 잘 } 에 물안개가 피어올랐다.

그의 **정체** { 바를 몸
 正 體
 停 滯
 머무를 막힐 } 를 아는 이가 아무도 없었다.

플라스틱 **용기** { 날랠 기운
 勇 氣
 容 器
 얼굴 그릇 } 를 물통으로 쓰고 있어요.

해마다 농사를 짓는 **가구** { 집 갖출
 家 具
 家 口
 집 입 } 가 줄고 있습니다.

이거, 체면이 말이 아니구려. 눈 가리고 아웅, 아니 말 가리고 아웅 해 봅시다. 한자말의 한 구석을 우리말로 바꾸었소. 한자말로 되돌려 보시오, 아웅!

얼굴이나 몸에 난 수염이나 잔털을 깎는 데에 쓰이는 칼

"낯도칼" → ☐도칼

여행 등의 목적으로 삼는 곳

"눈적지" → ☐적지

긴급한 사고가 생겼을 때 밖으로 빠져나가기 위해서 만들어 놓은 문

"비상입" → 비상☐

범죄를 저질렀다고 의심을 받는 사람

"얼굴의자" → ☐의자

같은 뜻이나 목적을 가지고 있는 집단

"공동몸" → 공동☐

입에 붙은 한자말

으윽, 원통하오. 입에 붙은 한자말까지 알아낼 수 있을까? 습관적으로 쓰는 말이오. 앞에 나온 한자가 쓰였지. 어떤 한자인지 읽어 내 빈칸에 알맞게 써 보시오.

대관절

네가 하고 싶은 말이
그 사람을

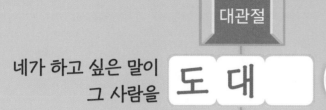
도 대

도읍도 클대
(都大體) 무엇이냐?
이해할 수가 없다.

전혀 알지 못하거나
아주 궁금하여 묻는 것인데

시비

사소한 일 하나 때문에
전혀 바라지 않았던

설 수

혀설 셈수
(口舌數) 에 오르게 되었다.
에 휘말리고 말았다.

남의 혀와 입에 오를 운수라는 뜻.
시비하거나 헐뜯는 말을 듣게 될 처지.

뻔뻔이

염치도 모르는
저렇게 뻔뻔한

철 피

쇠철 가죽피
(鐵面皮) 를 누가 좋아하겠니?
는 처음 보았다.

쇠로 만든 낯가죽이라는 뜻.
뻔뻔스럽고 염치없는 사람.

정체

어려울 때 사람의
위기가 닥치자 그의

진

참진
(眞面目) 을 알 수 있다.
이 드러났다.

본래 가지고 있는 그대로의 참모습.

획획주문

앞에서 읽어 낸 한자말은 능글능글이 더 이상 건드리지 않을 거야.
뜻과 소리를 외면서 한자를 획획 쓰면 확실히 그렇게 되지.

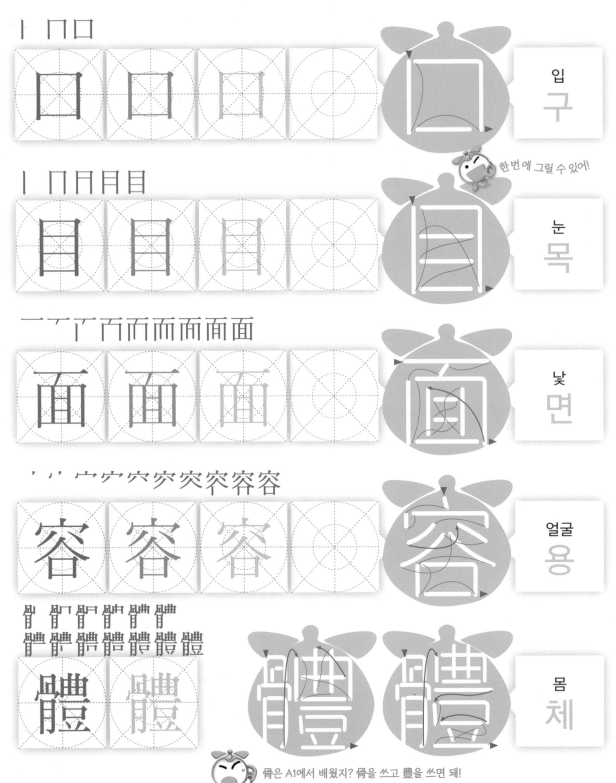

ㅣ 冂 口

입
구

한번에 그릴 수 있어!

ㅣ 冂 冂 冃 目

눈
목

一 厂 厂 丆 帀 而 而 面 面

낯
면

宀 宀 宁 宇 宏 突 容 容

얼굴
용

骨 骨 骨 骨 骨
體 體 體 體 體 體 體

몸
체

骨은 A1에서 배웠지? 骨을 쓰고 豊을 쓰면 돼!

中

여덟째 주
가운데

중

가운데에 대한 능글능글 한자말을
뎅글뎅글 읽어내자.

어중간해

능글능글이 남겨 둔 '가운데 중'이 들어간 말이야. 쉬워 보이지? 하지만 '가운데 중'은 어중간해 보여도 참 값진 말이거든! 가운데 들어갈 어중간한 말을 써 봐.

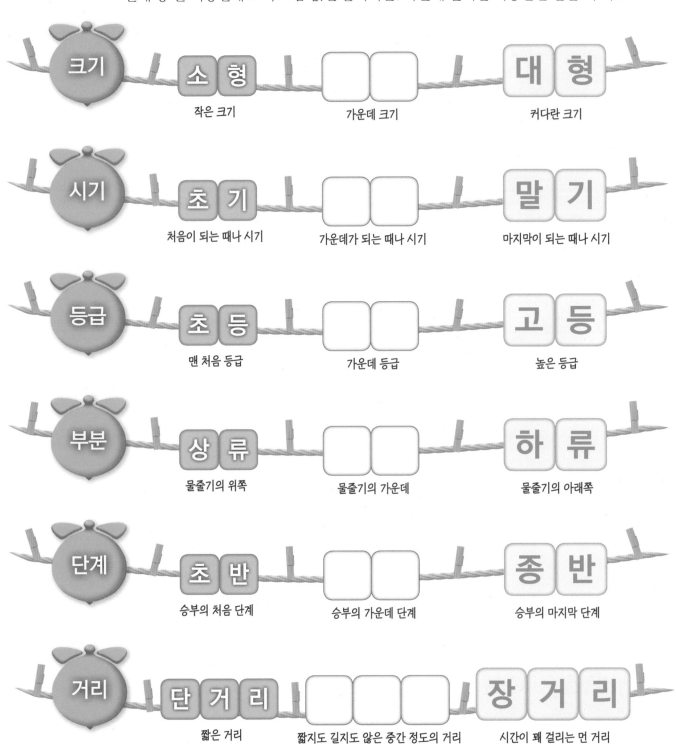

크기 — 소형 (작은 크기) / [ ] [ ] (가운데 크기) / 대형 (커다란 크기)

시기 — 초기 (처음이 되는 때나 시기) / [ ] [ ] (가운데가 되는 때나 시기) / 말기 (마지막이 되는 때나 시기)

등급 — 초등 (맨 처음 등급) / [ ] [ ] (가운데 등급) / 고등 (높은 등급)

부분 — 상류 (물줄기의 위쪽) / [ ] [ ] (물줄기의 가운데) / 하류 (물줄기의 아래쪽)

단계 — 초반 (승부의 처음 단계) / [ ] [ ] (승부의 가운데 단계) / 종반 (승부의 마지막 단계)

거리 — 단거리 (짧은 거리) / [ ] [ ] [ ] (짧지도 길지도 않은 중간 정도의 거리) / 장거리 (시간이 꽤 걸리는 먼 거리)

어중이떠중이

능글능글이 남긴 낙서야. 모두 '가운데 중'이 쓰인 말인데 마구 흩트려 놓았어. 흐트러진 말을 바로잡아 빈칸에 써 봐.

도깨비네 **녀3남중1** 첫째

| 3 | | 1 | | 중 |

중하고많은 것 하필 도깨비로

| | | | | 것 | 중 |

그렇지만 나는 **중왕왕**, 암!

| | 중 | |

아무튼 **행행중불다**이지.

| | | 중 | | |

나와 뎅글뎅글 **둘하중나**는

| | 중 | | |

능글능글이 사진 설명을 하느라 글을 쓰네. 어떤 일을 하고 있다고, '중'으로 끝냈지. 그런데 어떤 일을 하는 동안이 '아닌 것'이 하나 있어. 찾아서 ◯표 해 봐.

새 기지 **공사** 중

지금 **열애** 중

드라마 **시청** 중

여름**휴가** 중

전철 근처 ◯◯**여중**

아직도 **생각** 중

24시간 **대기** 중

능글작전 **회의** 중

1시간째 **통화** 중

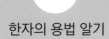

눈대중 깜깜절벽이야. 능글능글이 '가운데 중'을 숨겨 놓은 곳이지. 중심, 중국, 중간처럼 '중'과 어울려 한자말이 되는 것만 골라 색칠해 봐. 눈대중으로도 할 수 있다고!

중성이라는 말 들어 봤어?
알칼리성도 산성도 아닌 거야.

스포츠
중계라는 말
알아?

쑥	밍	성	멍	쌀
계	반	고	세	국
지	펄	단	팡	급
형	순	앙	복	간
땀	씀	심	깨	좀
밖	앞	식	옆	엿

아침은 조식, 점심은 중식이지 아마?

가운데 중 말거미

'中'을 지키는 한자 말거미야. 거미줄에 걸리면 '中'을 그만 까먹고 말아. 어떻게 벗어나냐고? '中' 셋을 찾아내면 풀려나지. 찾아서 색칠해 봐!

족자 속에 사는 스님이야. 여태 공부한 것을 순식간에 도로 아미타불이 되게 하지. 스님의 말 가운데 中이 아닌 낱말 두 개를 찾아. 그럼 도로 아미타불을 면할 수 있어.

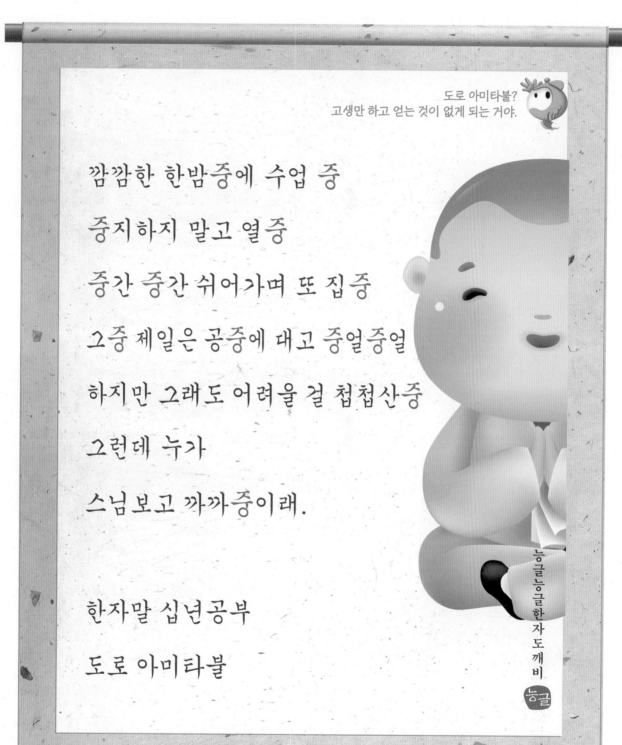

도로 아미타불?
고생만 하고 얻는 것이 없게 되는 거야.

깜깜한 한밤중에 수업 중

중지하지 말고 열중

중간 중간 쉬어가며 또 집중

그중 제일은 공중에 대고 중얼중얼

하지만 그래도 어려울 걸 첩첩산중

그런데 누가

스님보고 까까중이래.

한자말 십년공부

도로 아미타불

능글능글한자도깨비
능글

잘했어! 이것도 해 볼까? '中'에는 '가운데'라는 뜻 말고도 다른 뜻이 있어.
'中'의 뜻풀이를 보고 빈칸을 알맞은 말로 채워 봐!

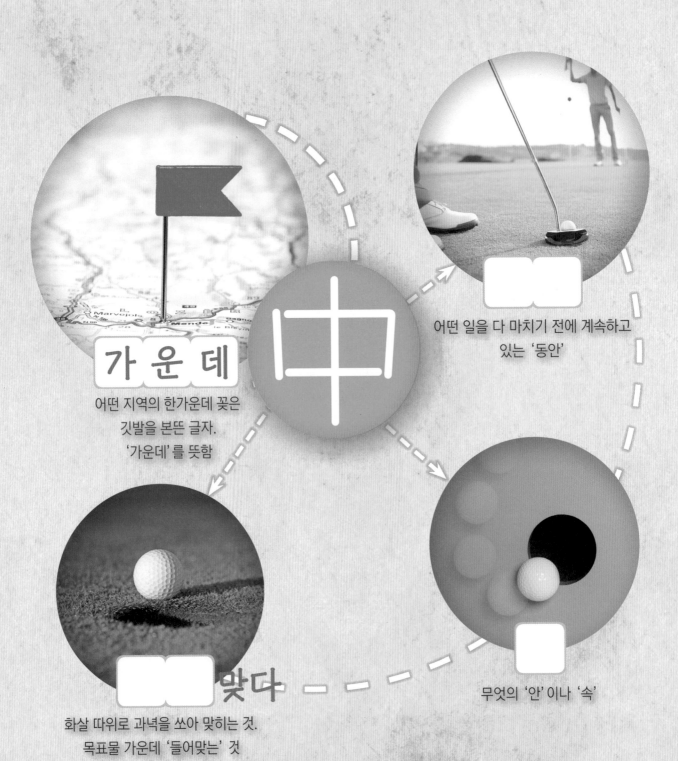

가 운 데

어떤 지역의 한가운데 꽂은
깃발을 본뜬 글자.
'가운데'를 뜻함

어떤 일을 다 마치기 전에 계속하고
있는 '동안'

무엇의 '안'이나 '속'

맞다

화살 따위로 과녁을 쏘아 맞히는 것.
목표물 가운데 '들어맞는' 것

그 中 이 中

잘 하는데? 그럼 스님이 중얼중얼하는 말에 쓰인 '中'이 어떤 뜻의 中인지 가늠
해 봐. 그러면 그만 중얼대겠대! 어느 중이 어떤 뜻인지 이어 줘.

너희 중에 누가
제일 키가 크지?

들어맞다

공기 중에
떠다니는 바이러스
같은 녀석들

~ 하는 동안

스님 말씀 중에
누가 떠들어

여럿 가운데

뭐, 네 예상이
적중했다고?

속(안)

앗, 회중시계가 중지되었어. 회중시계를 다시 움직이려면 회중시계가 물어
보는 한자말을 알아내면 돼. 알맞은 한자말을 향한 시계바늘에 색칠해 봐.

어느 시각과 어느 시각의 사이는 **시간**
어느 때부터 어느 때까지의 사이는 **기간**
두 사물의 사이는?

젊은 나이는 **청년**
늙은 나이는 **노년**
늙은이 젊은이 가운데쯤 되는 나이는?

한 집의 주로 드나드는 문은 **대문**
뒤로 난 문은 **뒷문**
대문 안쪽에 또 세운 문은?

뒤로 물러나는 것은 **후퇴**
스스로 물러나는 것은 **자퇴**
학교를 다니다 물러나는 것은?

한자말 안개를 뿜어내는 오리무중 향로야. 길을 잃게 만들지. 어떻게 헤쳐 나가냐고? '중'자가 들어간 낱말에서 '가운데 中'이 쓰이지 '않은' 낱말 세 개를 찾아내면 돼!

내 꽁무니를 쫓아다니느라 바쁘실 텐데, 아무튼 그 **와중**에도 내 기지를 찾아 주어 고맙소. 대개는 이 싸움을 **중도**에 포기하던데, 끈기 있게 **열중**하는 자세가 참 대단하시오. 하지만 착각하지는 마시오. **소중**한 한자말을 많이 내주기는 했지만 아직도 많은 한자말이 내 **수중**에 있소. 이제 전반전 **중반**에 접어들었을 뿐이오. 속상해서 **체중**이 좀 줄기는 했지만 그렇다고 **중심**을 잃고 쓰러질 능글능글이 아니오. 그럼 **나중**에 또 봅시다. 능글능글

열중쉬어 알아차려

잊어버리기 바람벽이야. 여기만 오면 이제까지 알던 것을 싹 잊는다고 하지.
'中'이 쓰인 한자말을 제대로 익혔는지 한번 볼까? 알맞은 말을 빈칸에 써 봐.

지사이해를 따라

잇닿아 있는

지방은 여름에는 매우 덥다.

| 중 | | |

대륙과 대륙 사이에 낀 바다를 뜻해.

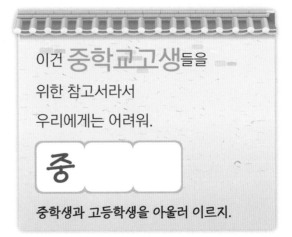

이건 중학교고생들을

위한 참고서라서

우리에게는 어려워.

| 중 | | |

중학생과 고등학생을 아울러 이르지.

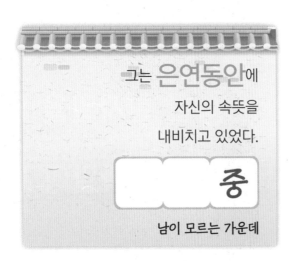

그는 은연동안에

자신의 속뜻을

내비치고 있었다.

| | | 중 |

남이 모르는 가운데

우리 누나요?

누나는요, 지금 열애 상태에

있음이에요.

| | | 중 |

예상문제 100퍼센트

적들어맞음!

대단하지 않니?

| | 중 |

예상 또는 목표 따위에 꼭 들어맞음

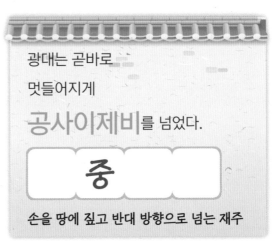

광대는 곧바로

멋들어지게

공사이제비를 넘었다.

| | 중 | |

손을 땅에 짚고 반대 방향으로 넘는 재주

134 · 한자 어휘 바탕 다지기

적중 문고리

고약한 도깨비가 지키고 있는 적중문이요. 문을 열려면 좌우 2개의 낱말 가운데 '中'이 있는 낱말을 골라 ◯표 해 보시오.

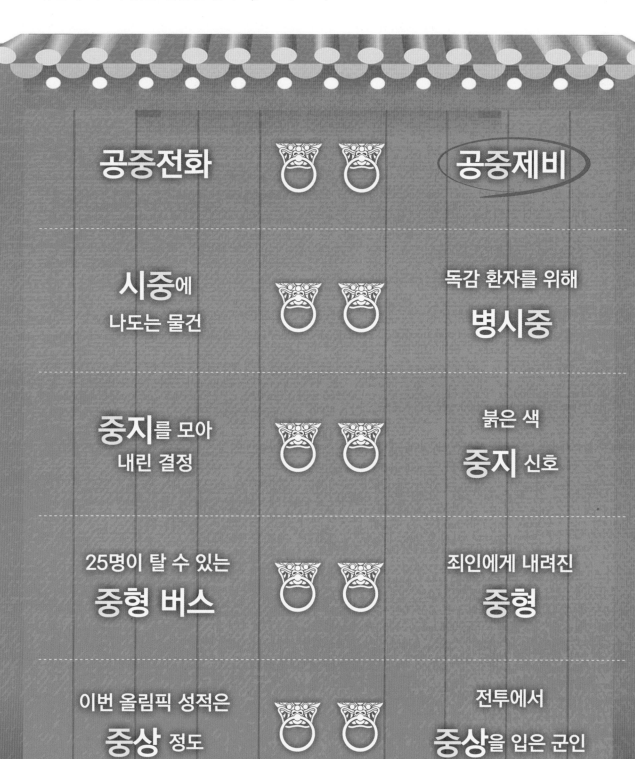

공중전화	(공중제비)
시중에 나도는 물건	독감 환자를 위해 병시중
중지를 모아 내린 결정	붉은 색 중지 신호
25명이 탈 수 있는 중형 버스	죄인에게 내려진 중형
이번 올림픽 성적은 중상 정도	전투에서 중상을 입은 군인

이 문이 마지막 관문이야. 윗글에 표시된 말을 간단히 쓸 수 있는 한자말을
찾아내면 활짝 열 수 있지! ◯표 해 봐.

진아는 다가올 시험 때문에 아무것도 **눈 안**에 들어오지 않았다.

선물 꾸러미쯤은 안중에도 없는 표정이었다.

정전이 되는 바람에 **일을 중도에서 그만둘** 수밖에 없어.

이런 작업은 중지하게 되면 처음부터 다시 해야 해.

한쪽으로 치우치지 않는 입장을 지킨다는 것이 참 어려워.

하지만 그래도 토론에서 사회자는 중립을 지켜야 한다.

전쟁의 **소용돌이 가운데**에서 무사할 수가 있었겠니?

많은 사람들이 전쟁의 와중에 가족들을 잃었지.

듣던 중 반가운 말

와, 대단해! 선물로 '중'이 쓰인 한자말을 챙겨주지. 쓰던 말이지만 '가운데 中'
이 쓰였는지 몰랐을 걸? 빈칸에 알맞은 말을 써서 네 것으로 챙겨 봐.

저녁을 먹기에는 참 ○○○한 시간! 어정쩡하고 두루뭉술하지?

대략 중간쯤 되는 곳. 또는 그런 상태

於中間
어　간

'회중'은 품속 또는 마음속이란 뜻이야

품속에 품고 다니며 보는 시계

懷中時計
회　시계

무슨 일에 대해 방향이나 갈피를 잡을 수 없음을 이르는 말

5리에 걸쳐 안개가 끼면 뭐가 보일까?

五里霧中
오리무

앞에서 읽어 낸 '가운데 中'은 능글능글이 더 이상 건드리지 않을 거야.
뜻과 소리를 외면서 한자를 획획 쓰면 확실히 그렇게 되지.

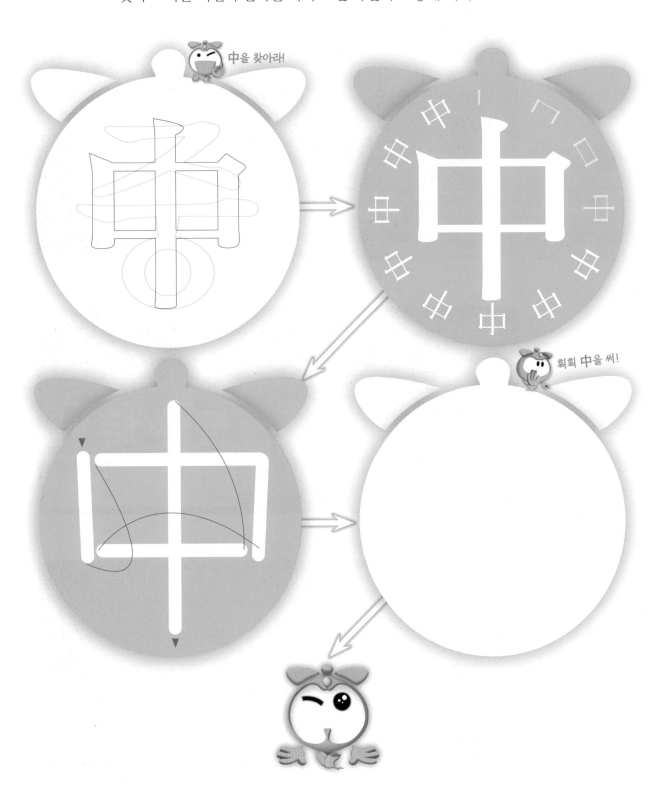

中을 찾아라!

획획 中을 써!

정답
및
풀이

한자 다섯 | 한자 돋보기 | 낱말 및 한자 풀이

첫째 주
전후좌우

전후좌우에 대한 한자 다섯

前 — 앞 전
後 — 뒤 후
左 — 왼 좌
右 — 오른 우
向 — 향할 향

12쪽
전날
좌변, 좌측　　　　우변, 우측
후문, 후퇴

13쪽
향　　　좌　　　전
후　　　우

14쪽
전　후　좌　우　향

15쪽
전후　　후문　　좌우
우측　　방향

16쪽
좌　우　후　향

17쪽

앞 [전]　則 愈 前 首

뒤 [후]　後 係 俊 復

왼 [좌]　友 在 丈 左

오른[우]　灰 式 右 有

향할[향]　同 肉 向 內

18쪽
안전　후각　좌석
배우　고향

| 낱말 및 한자 풀이 |

- **안전(安全)**: 위험하거나 사고가 날 염려가 없음. 全-온전할 전.
- **후각(嗅覺)**: 냄새를 맡는 감각. 嗅-(냄새)맡을 후.
- **좌석(座席)**: 앉을 수 있게 마련된 자리. 座-자리 좌.
- **배우(俳優)**: 연극이나 영화 속의 인물로 분장하여 연기하는 사람. 優-넉넉할 우.
- **고향(故鄉)**: 자기가 태어나고 자라난 고장. 鄉-시골 향.
- **경향(傾向)**: 현상, 사상, 형세 등이 한쪽으로 기울어짐.

19쪽
앞　　후　　　전후
왼　　우　　　좌우

20쪽
오전　후손　좌측

우측　　방향

| 낱말 및 한자 풀이 |

- **발전(發展)**: 더 좋고 나은 상태로 나아감. 展-펼 전.
- **후보(候補)**: 선거에서, 어떤 직위나 신분을 얻으려고 일정한 자격을 갖추어 나섬. 또는 그런 사람. 候-물을 후.
- **후추**: 후추나무의 열매. 향신료로 쓴다.
- **좌절(挫折)**: 마음이나 기운이 꺾임. 挫-꺾을 좌.
- **좌석(座席)** → 18쪽 풀이
- **우유(牛乳)**: 소의 젖. 牛-소 우.
- **우체국(郵遞局)**: 미래 창조 과학부에 딸려 우편, 우편환, 우편 대체, 체신 예금, 체신 보험, 전신 전화 수탁 업무 따위를 맡아보는 기관. 郵-역참 우.
- **악영향(惡影響)**: 나쁜 영향. 響-울림향.
- **사과 향(沙果 香)**: 사과의 향기. 香-향기 향.

21쪽
직전　후자　좌회전　동향

22쪽
직전　이후　좌향좌
좌우　남향

| 낱말 및 한자 풀이 |

- **텔레비전(television)**: 티브이.
- **완전(完全)**: 모자람이나 흠이 없음.
- **징후(徵候)**: 겉으로 나타나는 낌새.
- **기후(氣候)**: 기온, 비, 눈, 바람 따위의 대기 상태.
- **이후(以後)**: 지금부터 뒤.
- **강좌(講座)**: 일정한 주제에 대한 지식을 체계적으로 전달하기 위하여 편성한

강습회, 출판물, 방송 프로그램 따위.
- **가부좌(跏趺坐)**: (불교에서) 수행하기 위해 책상다리를 하고 앉음.
- **아우**: 같은 부모에게서 태어난 사이거나 일가친척 가운데 항렬이 같은 남자들 사이에서 손아랫사람을 이르는 말.
- **새우**: 절지동물문 십각목 장미아목을 통틀어 이르는 말.
- **고향(故鄕)** → 18쪽 풀이
- **음향(音響)**: 물체에서 나는 소리와 그 울림.

23쪽
전기   후방   의향   풍향

| 낱말 및 한자 풀이 |

- **전기(前期)**: 일정 기간을 몇 개로 나눈 첫 시기. 예) 조선시대 전기.
- **후방(後方)**: 뒤쪽.
- **의향(意向)**: 마음이 향하는 바. 또는 무엇을 하려는 생각.
- **편향(偏向)**: 한쪽으로 치우침.

24쪽
후일로   좌익이
우측통행이   취향도

25쪽
살아생전   좌우간
좌우명   우왕좌왕

 한자 돋보기 | 좌우명(座右銘)

- 자기가 앉아 있는 자리 오른쪽에 붙여 놓고 반성의 자료로 삼는 격언이나 경구를 말합니다. 원래는 문장이 아니라 술독을 사용했다고 하지요.

중국 고대의 뛰어난 군주였던 제나라 환공을 모신 사당에는 제사에 쓰는 그릇들이 있었는데 그 중 하나가 이상한 술독이었습니다. 텅 비어있을 때는 기울어져 있다가 술을 반쯤 담으면 바로 서고, 가득 채우면 다시 엎어지는 술독이었지요.
하루는 공자가 사당을 찾았다가 이 술독을 보았습니다. 공자는 제자들에게 술독에 물을 채워보도록 했습니다. 과연 비스듬하게 있던 술독은 물이 반쯤 차자 바로 서더니, 물이 다 차니 다시 쓰러졌습니다. 이걸 보고 공자가 말했습니다. "공부도 이와 같다. 다 배웠다고 교만하면 반드시 화를 당하는 법이다."
집에 돌아온 공자는 똑같은 술독을 만들어 의자 오른쪽에 두고는 스스로를 가다듬었다고 합니다. 나중에는 죽간이나 목간에 글을 써서 마음에 새겼다＝명심(銘心)했다 하여, 좌우명이라 부르게 되었답니다.

26쪽
前   後   左   右   向

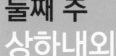

둘째 주
상하내외

상하내외에 대한 한자 다섯

上 ─ 위 **상**
下 ─ 아래 **하**
內 ─ 안 **내**
外 ─ 바깥 **외**
位 ─ 자리 **위**

28쪽

상하 = 위아래
땅의 위 = 지상
하늘 위 = 천상
위로 끌어올림 = 인상

상+하 = 위+아래
지하 = 땅의 **아래**
천하 = 하늘 아래
인하 = 아래로 끌어내림

내외 = 안팎
나라의 **안** = 국내
방의 **안** = 실내
도시의 안 = 시내

내+외 = 안+밖
국외 = 나라의 밖
실외 = 방의 **밖**
시외 = 도시의 밖

상위 = 윗자리
상+**위** = 위+자리

하위 = 아랫자리
하+위 = 아래+**자리**

29쪽
외   상
하   내
위

30쪽
상   하   내   외   위

31쪽
정상   지하철   기내
외국   왕위

| 낱말 및 한자 풀이 |

- **정상(頂上)**: 산 따위에서 맨 꼭대기.
- **시내**: 산골짜기나 평지에서 흐르는 자그마한 내. 시냇물.
- **기내(機內)**: 비행기의 안.
- **왕위(王位)**: 임금의 자리.

32쪽
상   하   내   외   위

34쪽

빙하　　앉은뱅이책상
흉내　　개구리참외　　　　위험

| 낱말 및 한자 풀이 |

- **영하(零下)**: 섭씨온도계에서, 눈금이 0℃ 이하의 온도.
- **빙하(氷河)**: 수백 수천 년 동안 쌓인 눈이 얼음덩어리로 변하여 그 자체의 무게로 압력을 받아 이동하는 현상. 또는 그 얼음덩어리. 河-물 하.
- **천하(天下)**: 하늘 아래 온 세상.
- **앉은뱅이책상(----冊床)**: 의자가 없이 바닥에 앉아서 사용할 수 있도록 만든 책상. 床-상 상.
- **궐내(闕內)**: 궁궐의 안.
- **실내(室內)**: 방이나 건물 따위의 안.
- **흉내**: 남이 하는 말이나 행동을 그대로 옮기는 짓.
- **개구리참외**: 껍질이 푸른 참외.

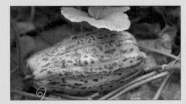

개구리참외

- **의외(意外)**: 뜻밖. 생각 밖.
- **야외(野外)**: 교외의 들판.
- **방위(方位)**: 동, 서, 남, 북의 네 방향을 기준으로 하여 나타내는 어느 쪽의 위치.
- **위험(危險)**: 해로움이나 손실이 생길 우려가 있음. 危-위태할 위.
- **위치(位置)**: 일정한 곳에 자리를 차지함. 또는 그 자리.

35쪽

하향　　내심　　내외　　상위

36쪽

지하철　　이내　　위치
이상　　외국인

| 낱말 및 한자 풀이 |

- **하계(夏季)**: 여름철. 夏-여름 하.
- **축하(祝賀)**: 남의 좋은 일을 기뻐하고 즐거워한다는 뜻으로 인사함. 賀-하례할 하.
- **이내(以內)**: 일정한 범위나 한도의 안. 기준이 수량으로 제시될 경우에는, 그 수량이 범위에 포함되면서 그 안인 경우를 가리킨다.
- **내일(來日)**: 다음 날. 來-올 래.
- **인내(忍耐)**: 참고 견딤. 耐-견딜 내.
- **위험(危險)** → 34쪽 풀이
- **위반(違反)**: 법령, 계약, 약속 등을 지키지 않음. 違-어길 위.
- **위치(位置)** → 34쪽 풀이
- **상품(商品)**: 사고파는 물품. 商-장사 상.
- **상상(想像)**: 경험하지 못한 일을 마음속으로 미루어 생각함. 想-생각할 상, 像-형상 상.
- **이상(以上)**: 수량이나 정도가 일정한

기준보다 더 많거나 나음. 기준이 수량으로 제시될 경우에는, 그 수량이 범위에 포함되면서 그 위인 경우를 가리킨다.

- **외람되다(猥濫--)**: 하는 행동이나 생각이 분수에 지나치다. 猥-함부로 외.
- **외골수(-骨髓)**: 단 한 곳으로만 파고드는 사람. 예) 외골수 학자.

37쪽

지상　　교내　　투하　　외식

38쪽

천하　　해상　　국내
외양　　고위

39쪽

이런 날씨에 산 **정상**에 오르겠다니 **정상**이 아니군!

청바지에 어울리는 **상의**는 어떤 건지 **상의**해 볼까요?

기지를 **방위**하려면 적이 어느 **방위**로 침입할지 짐작해야 해.

이번 시험에 점수가 90점 **이상** 나온다면 정말 **이상**할 일일 거야.

| 낱말 및 한자 풀이 |

- **정상(頂上)** → 31쪽 풀이
- **정상(正常)**: 변동이나 탈이 없는 제대로의 상태. 常-떳떳할 상.
- **상의(上衣)**: 윗도리.
- **상의(相議)**: 서로 의논함. 相-서로 상.

- **방위(防衛)**: 적의 공격이나 침략을 막아서 지킴. 衛-지킬 위.
- **이상(以上)** → 36쪽 풀이
- **이상(異常)**: 정상적인 상태와 다름. 異-다를 이.

40쪽

지상　상부　부하　하교
교내　내과　과외　외지　지위

41쪽

지상낙원　　　만천하
외유내강　　　막상막하

한자 돋보기 | 고사성어에서 나온말

- **외유내강(外柔內剛)**: 겉으로는 부드러워 보이지만 실은 대단히 강한 의지를 가진 사람을 일컬을 때 쓰는 말이지요.
옛날 중국 당나라에 노탄이라는 사람이 관리로 일할 때 상관이 물었습니다. '어느 집안의 자제가 주색에 빠져 재산을 탕진하는데 왜 보살피지 않는가?' 노탄은 '재물에 대한 욕심이 없는 청렴한 관리는 축재하지 않을 텐데 재물이 많은 것은 곧 다른 사람을 착취해 얻은 것입니다. 방탕하게 생활해 재물을 다 잃는다면 다른 사람을 착취해 거둔 재물을 다시 그들에게 되돌려 주는 일입니다.'고 대답했습니다.

황제가 절도사 자리에 요남중을 임명하자, 군대 감독관이 요남중은 서생(書生)이라고 반대했습니다. 그러자 노탄은 '요남중은 외유중강(外柔中剛)이다. 감독관의 반대에 따를 수 없다'고 했습니다. '중강'이라는 말은 '내강'과 같은 뜻으로, 여기서 외유내강이라는 말이 유래했다고 합니다.

- **막상막하(莫上莫下)**: 중국 고대 후한의 학자 진식은 덕망이 높았습니다. 그의 아들 진기, 진심도 뛰어난 수재로 재상에 올랐습니다. 진기와 진심의 아들들이 서로 자기 아버지의 공적과 덕행이 높다고 하다가 결론을 못 냈습니다. 이들은 할아버지인 진식에게 가서 누가 더 낫냐고 물었습니다. 그러자 진식은 '형이 낫다고 하기도 어렵고 아우가 낫다고 하기도 어렵구나.'고 대답했습니다. 여기서 막상막하라는 말이 전해졌다고 합니다.
비슷한 말로 난형난제(難兄難弟), 백중지세(伯仲之勢), 용호상박(龍虎相搏) 등이 있지요.

42쪽

上　　下　　內　　外　　位

셋째 주 동서남북

동서남북에 대한 한자 다섯

東	동녘 동
西	서녘 서
南	남녘 남
北	북녘 북
方	모(방향) 방

44쪽

북두칠성
서부 영화　　　사방치기
지남철　　　　동이 틀 무렵

낱말 및 한자 풀이

- **서부 영화(西部映畵)**: 19세기 후반의 미국 서부 개척 시대를 배경으로 한 영화
- **사방치기(四方--)**: 어린이 놀이의 하나.
- **지남철(指南鐵)**: 자석. 동양에서는 자성을 띤 바늘을 나침반에 놓을 때, 남쪽을 기준으로 표시했기 때문에 '남쪽을 가리키는 쇠'라는 뜻으로 지남철이라 했다.

45쪽

남　　　향
북
서　　　동

46쪽

동
서　　　방
남　　　북

- **남방셔츠(南方--)**: 여름에 양복저고리 대신으로 입는 얇은 옷. 소매가 짧고 통풍이 잘 되도록 헐렁하다. 동남아 지역의 옷 모양에서 유래해서 남쪽 지방의 셔츠라 했다.
- **북어(北魚)**: 말린 명태. 조선 시대에 명태는 함경도 등 북쪽 지방에서 많이 나서 북어라 했다.

47쪽
동 서 남 북 방

48쪽
극동 서해 강남
북극 후방

| 낱말 및 한자 풀이 |

- **우동**: 가락국수. 일본어 udon[饂飩]에서 온 말.
- **극동(極東)**: 유럽의 관점에서 동아시아를 이르는 말. 한국, 중국, 일본, 대만 따위가 여기에 속한다.
- **강남(江南)**: 한강의 이남 지역.
- **북채**: 북을 치는 조그만 방망이.
- **후방(後方)**: 뒤쪽.
- **가방**: 물건을 넣어 들거나 메고 다니는 용구. 네덜란드어 kabas를 일본에서 받아들인 kaban[鞄]에서 온 말.

49쪽

50쪽
동물원 남탕
서기
북새통 책방

| 낱말 및 한자 풀이 |

- **동물원(動物園)**: 많은 동물을 모아 먹여서 기르면서 연구하는 한편 일반에게 관람시키는 시설. 動-움직일 동.
- **남탕(男湯)**: 대중목욕탕에서, 남자만 사용하게 되어 있는 목욕탕. 男-사내 남.
- **북새통**: 많은 사람이 야단스럽게 부산을 떨며 법석이는 상황.
- **책방(冊房)**: 서점. 房-방 방.
- **변방(邊方)**: 나라의 경계가 되는 변두리 지역.

51쪽

동서(東西)
서풍(西風)   남촌(南村)
북풍(北風)   방향(方向)

52쪽

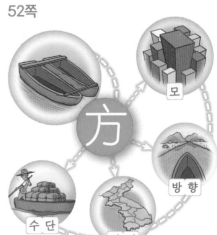

53쪽
방석 지방
방위 방책

| 낱말 및 한자 풀이 |

- **방석(方席)**: 앉을 때 깔고 앉는 작은 깔개. 왕골 등으로 각이 지게 짠 것을 이르는 말이었지만 지금은 모양이나 재질에 상관없이 부른다.
- **방책(方策)**: 일을 하는 방법과 꾀.

54쪽
행방 중동 불란서
강남 동서남북

| 낱말 및 한자 풀이 |

- **개방(開放)**: 문이나 어떠한 공간 따위를 열어 자유롭게 드나들고 이용하게 함. 放-놓을 방.
- **행방(行方)**: 간 곳이나 방향.
- **해방(解放)**: 구속이나 억압, 부담 따위에서 벗어나게 함. 또는 1945년 8월 15일에 우리나라가 일본 제국주의의 강점에서 벗어난 일.

- **감동(感動)**: 크게 느끼어 마음이 움직임. 動-움직일 동.
- **소동(騷動)**: 여럿이 법석을 떰.
- **중동(中東)**: 유럽의 관점에서 본 극동(極東)과 근동(近東)의 중간 지역. 제2차 세계 대전 후에 널리 쓰게 된 말로, 일반적으로 서아시아 일대를 이른다. 아프가니스탄, 이란, 사우디아라비아, 파키스탄 따위의 국가를 포함한다. 아시아 입장에서는 서아시아 혹은 서남아시아라고 일컫는다.

서아시아(중동)

- **경찰서(警察署)**: 정해진 구역 안의 경찰 사무를 맡아보는 관청. 署-마을 서.
- **교과서(敎科書)**: 학교에서 교과 과정에 따라 주된 교재로 사용하기 위하여 편찬한 책. 書-글 서.
- **불란서(佛蘭西)**: 프랑스(France)의 한자 음역.
- **미남(美男)**: 잘 생긴 남자.
- **동네북**: 동네 사람들이 공동으로 쓰는 북. 또는 여러 사람이 두루 건드리거나 만만하게 보는 사람을 비유적으로 이르는 말.
- **기네스북(Guinness Book)**: 영국 기네스 맥주 회사에서 발행하는, 진기한 세계 기록을 모은 책.

55쪽

낱말 및 한자 풀이

- **서기(書記)**: 단체나 회의에서 문서나 기록 따위를 맡아보는 사람.
- **서기(西紀)**: 기원후. 주로 예수가 태어난 해를 원년으로 하여 이른다. 로마자 약어로 AD로 표시한다. 그러나 요즘에는 종교에 대해 중립적인 입장을 취하기 위해 CE(Common Era: 공동 시대라는 뜻)로 쓴다.
- **지방(地方)**: 서울이 아닌 지역.
- **지방(脂肪)**: 지방산과 글리세롤이 결합한 유기 화합물. 脂-기름 지.
- **호남(湖南)**: '전라남도'와 '전라북도'를 아울러 이르는 말. 호남은 호(湖)의 남쪽이란 뜻으로 금강 이남 지역을 가리킨다. 금강의 옛 이름이 호강(湖江).
- **호남(好男)**: 호걸의 풍모나 기품이 있고 남성다우며 풍채가 좋은 사나이. 好-좋을 호.
- **동문(同門)**: 같은 학교나 스승에게 배운 사람. 同-한가지 동.
- **동문(東門)**: 동쪽에 있는 문.

56쪽

탈북 북극 극동 동해
해남 남동 동서 서향 향방

57쪽

동에 번쩍 서에 번쩍
지남철 북망산 천방지축

🔍 한자 돋보기 | 천방지축(天方地軸)

- **천방(天方)**은 하늘의 한구석, 지축(地軸)은 지구가 자전하는 중심선입니다. 그래서 천방지축은 '하늘 한구석으로 갔다 땅속으로 갔다 하면서 갈팡질팡한다'는 뜻으로 '당황해서 허둥지둥 날뛰는 모양'을 가리키는 말로 쓰였지요. 지금은 '남의 말은 듣지도 않은 채 앞뒤 가리지 않고 제멋대로 이리저리 날뛰는 모양'을 가리키는 말로 널리 쓰이며, '어쩔 줄 모르고 어리석게 무작정 덤벼드는 모양'을 가리키기도 합니다.

58쪽

方　北　西　東　南

넷째 주
땅

땅에 대한 한자 다섯

地	— 땅 지
土	— 흙 토
山	— 메 산
野	— 들 야
原	— 언덕 원

60쪽

원　　　　　야, 들
토, 흙　　　　지, 땅

61쪽

지
산　　　　　토
야　　　　　원

62쪽

지　　토　　원　　야　　산

63쪽

산　　원　　야　　토　　지

64쪽

산골짜기　　토기　　야채
초원　　　　지하철

65쪽

66쪽

지식　　검토　　병원
야간　　산수

| 낱말 및 한자 풀이 |

- **지하(地下):** 땅 밑.
- **지역(地域):** 일정하게 나뉜 어느 범위의 토지.
- **지식(知識):** 교육이나 경험, 연구를 통해 얻은 체계화된 인식의 총체. 知-알 지.
- **강토(疆土):** 나라의 경계 안에 있는 땅.
- **검토(檢討):** 어떤 사실이나 내용을 분석하여 따짐. 討-칠 토.
- **초원(草原):** 풀이 난 들.
- **평원(平原):** 넓고 평평한 들판.
- **병원(病院):** 병자를 진찰, 진료하기 위해 지은 건물. 院-집 원.
- **야영(野營):** 휴양이나 훈련을 목적으로 야외에 천막을 쳐 놓고 하는 생활.
- **야간(夜間):** 해가 진 뒤부터 먼동이 트기 전까지의 동안. 夜-밤 야.
- **야산(野山):** 들 가까이의 나지막한 산.
- **산적(山賊):** 산에 근거지를 두고 활동하는 도적.

- **산수(算數):** 일상생활에 실제로 응용할 수 있는 수와 양의 간단한 성질 및 셈을 다루는 수학적 계산 방법. 算-셀 산.
- **산맥(山脈):** 큰 산들이 한 방향으로 길게 뻗쳐 있는 줄기.

67쪽

지명　　야외　　명산
황토　　평원

68쪽

原

언덕

시작

본바탕

한자 돋보기 | 原과 源

- 原은 厂(언덕) 아래의 泉(샘)이 결합한 글자로 언덕에서 솟아나는 샘의 모습을 본뜬 글자입니다. 언덕이라는 뜻과 물의 근원이라는 뜻을 함께 가집니다.

  나중에 '물의 근원'을 나타내기 위하여, 原에 水(氵)를 앞에 붙인 글자를 다시 만들었습니다. 源이지요.

  原은 원천과 언덕이라는 뜻을 갖고 있지만 源은 원천이라는 뜻만 있고 언덕이라는 뜻으로는 쓰이지 않습니다.

69쪽

평원(平原)　　　설원(雪原)

개마고원(高原)　초원(草原)

| 낱말 및 한자 풀이 |

- **원본(原本):** 베끼거나 고친 것에 대하여 근본이 되는 서류나 책.
- **원가(原價):** 물건을 처음 사들일 때의 값.
- **원료(原料):** 어떤 물건을 만드는데 바탕이 되는 재료.
- **개마고원(蓋馬高原):** 백두산의 서남쪽, 함경도와 평안도 일대에 있는 고원. 현무암으로 이루어진 용암 대지이다. 한반도에서 가장 높고 넓은 고원으로 큰 삼림으로 덮여 있다.
- **원점(原點):** 어떤 것이 시작되는 지점.

70쪽

기지　　초원　　광야

점토　　등산

| 낱말 및 한자 풀이 |

- **의지(意志):** 어떤 일을 이루려는 마음. 志-뜻 지.
- **금지(禁止):** 하지 못하게 함. 止-그칠 지.
- **기지(基地):** 군대, 탐험대 따위의 활동의 기점이 되는 근거지.
- **병원(病院):** → 66쪽 풀이
- **학원(學院):** 학교 설치 기준의 여러 조건을 갖추지 아니한 사립 교육 기관.
- **심야(深夜):** 깊은 밤. 夜-밤 야.
- **광야(廣野):** 아득하게 너른 들판.
- **구토(嘔吐):** 음식물을 토함. 吐- 토할 토.
- **검토(檢討):** → 66쪽
- **점토(粘土):** 작은 알갱이로 이루어진 부드럽고 차진 흙.

- **등산(登山):** 산을 오름.
- **계산(計算):** 수를 헤아림. 算-셀 산.
- **출산(出産):** 아이를 낳음. 産-낳을 산.

71쪽

나침반이 없을 때, 산에서는 사들러지나 민망 리본과 자돗을 이용할 줄을

아이들 **지도**하실 때, 인터넷 **지도**를 이용하여 주세요. 사회과부도를 쓰셔

'6년경 페스와시아누스 황제의 시작 건설이 시작, 80년에 건축가 나 100% 속력 기간 동안 3의 이동선 티토느 황제에 〇□〇지 과종된

콜로세움은 본래 로마의 **원형** 경기장이야. 이건 그 을 따라 지은 거야.

것을 가리키는데 같은 경우 있더라 경우, 료리는 물론, 사체율 유기한 청소 나 바위 등에

할머니 **산소**에 가면 왜 이렇게 공기가 맑아요? 그건 공기 중에 **산소**가 많아서 그

동차, 표현, 실무 등을 지시하는 부분, 내용 및 그림 등 직식을 우리 생활을 위한 인력의 대본이기 때문에 회칙에는 인형이 어떤 몸작이나 표현

1. 아래의 을 읽고, 사람의 **지문**을 이용할 수 있는 곳은 어디라고 했

앞·뒤글고 무거워주며, 이른 봄에 붉은 꽃이 피고 한국의 남쪽인 지역에 있은

| 낱말 및 한자 풀이 |

- **지도(指導):** 일정한 방향으로 남을 가르쳐 이끎. 指-가리킬 지.
- **지도(地圖):** 지구 표면의 상태를 일정한 비율로 줄여, 이를 약속된 기호로 평면에 나타낸 그림.
- **원형(圓形):** 둥근 모양. 圓-둥글 원.
- **원형(原型):** 같거나 비슷한 여러 개가 만들어져 나온 본바탕.
- **산소(山所):** 뫼(사람의 무덤)을 높여 이르는 말.
- **산소(酸素):** 공기의 중요한 성분인 무색, 무미, 무취의 기체. 酸-실 산.
- **지문(地文):** 주어진 내용의 글.
- **지문(指紋):** 손가락 안쪽의 끝에 있는 피부의 무늬. 指-손가락 지.

72쪽

지점　　토기　　원칙　　야산

73쪽

지옥　　삼수갑산

야구　　분야

🔍 한자 돋보기

- **삼수갑산(三水甲山):** 삼수(三水)는 함경남도 북서쪽에 있는 고장으로 세 개의 큰 물줄기가 합류하는 곳입니다. 한반도에서 가장 춥고 길도 험하지요. 갑산(甲山)은 개마고원의 중심지입니다. 함경남도 북동쪽에 있는 고장으로, 산이 겹쳐 있어 역시 춥고 교통이 불편한 지역입니다. 삼수나 갑산 지역은 옛날부터 유배지로 유명해서, 이 두 곳은 한 번 가면 살아오기 힘든 곳이라고 전했습니다.
- **분야(分野):** 고대에는 별자리를 특정 지역과 연결하여 생각했습니다. 중국 황하 유역을 중심으로 한반도는 천구의 동쪽, 양자강 등 중국의 남부는 천구의 남쪽 등으로 배속을 시켜 별자리와 지명을 일치시켰지요. 이렇게 해서 별을 관측하고 해당 별자리에 속하는 국가나 지방의 흥망과 길흉을 점쳤습니다. 지역별로 나뉜 별자리를 28 '분야'라고 했지요. 별자리를 가리키던 '분야'는 특정 지역이나 전문 분야 등을 가리키는 말로 쓰임새가 넓어졌습니다.

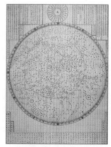

천상열차분야지도: 고구려의 천문도를 바탕으로 만든 천문도. '분야'가 바로 별자리이다.

74쪽

土　山　地　原　野

다섯째 주
마을

마을에 대한 한자 다섯

村 — 마을 촌
街 — 거리 가
市 — 저자 시
都 — 도읍 도
城 — 재 성

76쪽

- **시내버스** - 도시 안에서 일정한 길을 따라 다니는 버스
- **가로등** - 밤에 길을 밝히기 위해 길가에 높이 달아 놓은 등
- **수도권** - 수도인 서울과 서울 근처 지역
- **모래성** - 모래를 성처럼 쌓은 것
- **이웃사촌** - 이웃에 살면서 정들어 사촌처럼 가까운 이웃

77쪽

촌　성　시　도　가

78쪽

촌　가　시　도　성

79쪽

촌　가　도　성　시

80쪽

번화가　　　소도시
도회지　　　산성

81쪽

材　林　相　村
待　街　行　從
市　大　布　巾
鄕　者　都　部
地　成　域　城

82쪽

사촌　　　전문가　　　시간
정도　　　성격

낱말 및 한자 풀이

- **어촌(漁村)**: 어민이 사는 바닷가 마을.
- **촌뜨기(村--)**: '촌사람'을 낮잡아 이르는 말.
- **사촌(四寸)**: 아버지, 어머니의 친형제자매의 아들·딸과의 촌수. 寸-마디 촌.
- **전문가(專門家)**: 그 분야에 상당한 지식과 경험을 가진 사람. 家-집 가.
- **번화가(繁華街)**: 번성해 화려한 거리.
- **주택가(住宅街)**: 주택이 많이 모여 있는 지대.
- **시중(市中)**: 사람들이 생활하는 공개된 공간을 비유적으로 이르는 말.
- **시간(時間)**: 어떤 시각에서 어떤 시각까지의 사이. 時-때 시.
- **도심(都心)**: 도시의 중심지.

83쪽

농촌　　　가로등　　　시민
고도　　　토성

84쪽

지구촌　　　유령 도시
수도　　　식당가　　　한양도성

- **정도(程度)**: 얼마의 분량. 度-법도 도.
- **수도(首都)**: 중앙 정부가 있는 도시.
- **성격(性格)**: 고유한 성질이나 품성. 性-성품 성.
- **만리장성(萬里長城)**: 중국의 역대 왕조가 변경 방위를 목적으로 쌓은 긴 성벽. 지금 성벽은 명나라 때 쌓은 것이다.
- **성벽(城壁)**: 성곽의 벽.

낱말 및 한자 풀이

- **삼촌(三寸), 사촌(四寸)** → 82쪽 풀이
- **지구촌(地球村)**: 지구 전체를 한 마을처럼 여겨 이르는 말.
- **유령 도시(幽靈 都市)**: 거주 인구가 없어져 텅 빈 도시. 광산 도시나 군사 도시 따위에서 폐광이나 철수로 생긴다.
- **무시무시**: 몹시 무서운 느낌.
- **슬며시**: 남의 눈에 띄지 않게 넌지시.
- **전라도(全羅道)**: 道-길 도.
- **식당가(食堂街)**: 식당이 많이 모여 있는 거리.
- **영양가(營養價)**: 식품의 영양 가치. 價-값 가.
- **한양도성(漢陽都城)**: 조선 시대 한양을 둘러싼 도성.
- **북두칠성(北斗七星)**: 큰곰자리에서 국자 모양을 이루며 가장 뚜렷하게 보이는 일곱 개의 별. 星-별 성.

- **인공위성(人工衛星)**: 지구 따위의 행성 둘레를 돌도록 로켓을 이용하여 쏘아 올린 인공의 장치.

85쪽

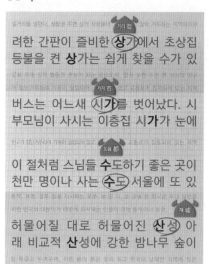

낱말 및 한자 풀이

- **상가(商街)**: 가게가 죽 늘어선 거리.
- **상가(喪家)**: 사람이 죽어 장례를 치르는 집.
- **시가(市街)**: 도시의 큰 길거리.
- **시가(媤家)**: 시집. 媤-시집 시.
- **수도(修道)**: 도를 닦음.
- **수도(首都)**: → 82쪽 풀이
- **산성(山城)**: 산 위에 쌓은 성.
- **산성(酸性)**: 산으로서의 성질. 酸-실 산.

86쪽
주택가를   시장이
천도했다   토성의

87쪽
촌로   시청
중심가   성주

88쪽
촌뜨기   주택가   시가지
도심지   가로수

89쪽
아성   불야성   철옹성

한자 돋보기 | 고사성어에서 나온 말

- **아성(牙城)**: 아기(牙旗)를 꽂아둔 성입니다. 아기는 상아 조각을 깃대에 장식한 지휘관의 깃발입니다. 지휘관이 머무는 성은 방어가 삼엄하고 난공불락이겠지요. 그래서 아성은 가장 중요한 적의 근거지나 난공불락의 성을 가리키는 말이 되었습니다. 또 '어금니 아(牙)'를 써서 어금니처럼 단단한 성이라는 뜻이기도 합니다.
- **불야성(不夜城)**: 옛날 중국 한나라의 불야성이란 성에는 밤에도 해가 지지 않아서 온 성내가 환했다고 합니다. 지금은 네온사인 등이 환하게 켜져 밤중에도 대낮같이 환하고 번화한 곳을 가리키지요.
- **철옹성(鐵甕城)**: 원래는 중국 고대에 손권이 캉소성에 지은 성입니다. 산을 항아리같이 둘러싸고 강을 코앞에 두었습니다. 그래서 쇠로 만든 항아리같이 단단하다 하여 철옹성이라 부르고 난공불락의 요새를 뜻하게 되었지요.

90쪽
市   村   城   都   街

여섯째 주
세대

세대에 대한 한자 다섯

世	—	인간 **세**
代	—	대신할 **대**
祖	—	할아버지 **조**
孫	—	손자 **손**
族	—	겨레 **족**

92쪽
손   세   대   족

93쪽
조   대   세   손   족

94쪽
조   손   세   대   족

95쪽
할아버지   대신하다
세상   겨레

96쪽

97쪽

98쪽
족족   손님   대강   만세

| 낱말 및 한자 풀이 |

- **조부(祖父):** 할아버지의 높임말.
- **조금:** 시간적으로 짧게.
- **조상(祖上):** 한 가족의 여러 대에서 할아버지보다 먼저 산 사람.
- **가족(家族):** 부부를 중심으로 한 집안을 이루는 사람들.
- **족보(族譜):** 한 가문의 계통과 혈통 관계를 적어 기록한 책.
- **족족:** 어떤 일을 하는 하나하나.
- **자손(子孫):** 자식과 손자.
- **장손(長孫):** 맏손자.
- **손님:** 다른 곳에서 찾아온 사람, 손을 높이는 말.
- **대강(大綱):** 대충. 大-클 대.
- **대신(代身):** 남의 책임을 떠맡음.
- **만세(萬歲):** 기쁨을 나타내기 위해 두 손을 들면서 외치는 소리. 歲-해 세.
- **세상(世上):** 사람이 살고 있는 모든 사회를 통틀어 이르는 말.
- **세계(世界):** 지구상의 모든 나라. 또는 인류 사회 전체.

99쪽
자손   친족   후세   시조

| 낱말 및 한자 풀이 |

- **식대(食代):** 먹은 음식을 대신해 치르는 돈.
- **절대(絕對):** 반드시. 對-대할 대.
- **주먹손:** 주먹을 쥔 손.
- **효자손(孝子-):** 대나무의 끝을 손가락처럼 구부려 손이 미치지 않는 곳을 긁도록 만든 물건.
- **족족 → 98쪽 풀이**
- **친족(親族):** 촌수가 가까운 일가.
- **풍족(豊足):** 매우 넉넉하여 부족함이 없음. 足-발 족, 넉넉할 족.
- **후세(後世):** 다음에 오는 세상. 또는 다음 세대의 사람들.
- **만세(萬歲) → 98쪽 풀이**
- **온조(溫祚):** 백제를 세운 사람. 祚-복 조.
- **왕조(王朝):** 같은 왕가에 속하는 통치자의 계열. 朝-아침 조.
- **시조(始祖):** 한 겨레의 맨 처음 조상이 되는 사람.

100쪽
조국   장손   민족
현대   세계기록

101쪽
거북선은 철갑선의 시조라고 합니다.
두 부족 사이에서 전쟁이 일어났다.
시간당 5천 원씩을 대가로 받기로 했다.

| 낱말 및 한자 풀이 |

- **행세(行世):** 해당되지 아니하는 사람이 어떤 당사자인 것처럼 처신하여 행

동함. 예) 주인 행세, 양반 행세.
- **행세(行勢):** 세도를 부림. 勢-형세 세.
- **시조(始祖) → 99쪽 풀이**
- **시조(時調):** 고려시대부터 시작된 우리나라의 정형시. 調-고를 조.
- **부족(不足):** 필요한 양이나 기준에 미치지 못해 충분하지 아니함.
- **부족(部族):** 같은 조상·언어·종교 등을 가진, 원시 사회의 구성 단위가 되는 지역적 생활 공동체.
- **대가(代價):** 물건을 사고 대신 치르는 값.
- **대가(大家):** 학문·기술에 조예가 깊은 사람.

102쪽

한자 돋보기 | 代와 줄 달린 화살

- **대신할 대(代)**는 사람(亻)과 주살 (弋 익)이 합친 글자입니다. 주살은 줄이 달린 연습용 화살입니다. 활줄과 화살 끝을 연결해서 쐈지요. 화살은 날아가 버리지만, 주살은 줄에 묶어 선 자리에서 반복해서 쏠 수 있어 기본자세를 연습할 수 있었습니다. 축구공에 줄을 매 슈팅 연습을 하는 것처럼요. 여기서 바꾸다·대신하다 등의 개념이 나오고, 다시 시간이 바뀌는 시대, 사람이 바뀌는 세대의 개념까지 이어지지요.

103쪽

대입 삼대 현대

104쪽

始祖 代身 初代 族長 部族

105쪽

안되면 조상 탓
수족관 대부

106쪽

世 代 祖 孫 族

일곱째 주
생김새

생김새에 대한 한자 다섯

體 — 몸 체
容 — 얼굴 용
口 — 입 구
目 — 눈 목
面 — 낯 면

108쪽

면 체 목 구

109쪽

면
체 구
목 용

110쪽

목 구 용 체 면

| 낱말 및 한자 풀이 |

- **주목(注目)**: 관심을 가지고 주의 깊게 살핌. 또는 그 시선.
- **이목(耳目)**: 주의나 관심.
- **안목(眼目)**: 사물의 좋고 나쁨 또는 진위나 가치를 분별하는 능력, 눈.
- **구미(口味)**: 입맛.
- **구령(口令)**: 여러 사람이 어떤 동작을 일제히 하도록 지휘자가 말로 내리는 간단한 명령.
- **구연(口演)**: 설화나 민요, 동화, 만담 등을 여러 사람 앞에서 말로써 재미있고 실감나게 이야기함.
- **육체(肉體)**: 사람의 몸, 신체.
- **생체(生體)**: 살아 있는 몸.
- **복면(覆面)**: 얼굴을 알아보지 못하도록 얼굴 전부 또는 일부를 헝겊 따위로 싸서 가림. 또는 그러는 데에 쓰는 수건이나 보자기와 같은 물건.

111쪽

낯 입 얼굴 몸 눈

112쪽

목 구 용 체

 한자 돋보기 | **容에 담긴 뜻**

- **容**은 뜻을 나타내는 갓머리(宀, 집 혹은 집 안)와 음을 나타내는 谷(곡→용)이 합해 이루어진 글자입니다. 골짜기(谷)와 큰 집(宀)에 많은 물건을 담을 수 있듯, 많은 표정을 담을 수 있는 '얼굴'을 뜻하게 되었지요. 그리고 '담다' 라는 뜻도 있습니다.

113쪽

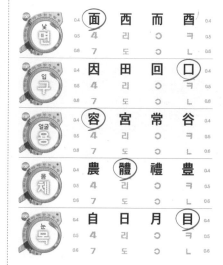

面	西	而	酉
ㅁ	리	ㅇ	ㅋ
ㄱ	도	ㅇ	ㄴ
因	田	回	**口**
ㅁ	리	ㅇ	ㅋ
ㄱ	도	ㅇ	ㄴ
容	宮	常	谷
ㅁ	리	ㅇ	ㅋ
ㄱ	도	ㅇ	ㄴ
農	**體**	禮	豊
ㅁ	리	ㅇ	ㅋ
ㄱ	도	ㅇ	ㄴ
自	日	月	**目**
ㅁ	리	ㅇ	ㅋ
ㄱ	도	ㅇ	ㄴ

114쪽

체해서 라면 구성
목소리 사용

| 낱말 및 한자 풀이 |

- **체하다(滯--)**: 먹은 음식이 잘 소화되지 않고 배 속에 답답하게 처져 있다. 滯-막힐 체.
- **체격(體格)**: 몸의 골격.
- **체질(體質)**: 몸의 성질이나 특질.
- **라면**: 일본어 ramen의 변형. 중국어 lamian[拉麵], lǎomian[老麵]이 일본에서 râmen으로 바뀌어 한국으로 수용되었다.
- **표면(表面)**: 거죽으로 드러난 면.
- **양면테이프(兩面tape)**: 테이프의 안팎에 접착제가 칠해진 테이프.
- **구성(構成)**: 몇 가지 부분이나 요소들을 모아 전체를 짜 이룸. 構-얽을 구.
- **가구(家口)**: 주거 및 생계를 같이하는 사람의 집단을 세는 단위.
- **식구(食口)**: 한 집에서 끼니를 함께하는 사람.

- **목례(目禮):** 눈짓으로 가볍게 하는 인사. 눈인사.
- **목적지(目的地):** 목표로 삼은 곳.
- **사용(使用):** 물건을 쓰거나 사람을 부림. 用-쓸 용.
- **내용(內容):** 사물에 담긴 것, 속내.

115쪽
대면 이목 구술
용모 체중

116쪽

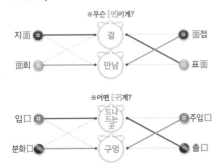

| 낱말 및 한자 풀이 |

- **제목(題目):** 작품이나 강연, 보고 따위에서, 그것을 대표하거나 내용을 보이기 위하여 붙이는 이름.
- **목표(目標):** 어떤 목적을 이루려고 지향하는 실제적 대상으로 삼음. 또는 그 대상.
- **목적(目的):** 실현하려고 하는 일이나 나아가는 방향.
- **목록(目錄):** 어떤 물품의 이름이나 책제목 따위를 일정한 순서로 적은 것.
- **지면(地面):** 땅의 거죽. 땅바닥.
- **면접(面接):** 서로 대면하여 만나 봄. 혹은 직접 만나서 인품이나 언행 따위를 평가하는 면접시험의 준말.

- **면회(面會):** 일반인의 출입이 제한되는 어떤 기관이나 집단생활을 하는 곳에 찾아가서 사람을 만나 봄.
- **표면(表面):** 사물의 가장 바깥쪽. 또는 가장 윗부분.
- **주입구(注入口):** 기름 따위의 액체를 쏟아붓는 구멍.
- **분화구(噴火口):** 화산체의 일부에 열려 있는 용암과 화산 가스 따위의 분출구.

117쪽
신체 제목 외면
미용 출입구

| 낱말 및 한자 풀이 |

- **체:** 척. 그럴듯하게 꾸미는 거짓 태도나 모양.
- **건널목:** 길 따위에서 사람이 가로 건너다닐 수 있도록 만들어 놓은 곳.
- **뒷골목:** 큰길 뒤로 나 있는 좁은 골목.
- **짜장면:** 중국어 zhajiangmian[炸醬麵]의 변형. 麵-국수 면.
- **하마터면:** 조금만 잘못하였더라면.
- **외면(外面):** 겉면.
- **조용조용:** 말이나 행동이 얌전한 모양.
- **부작용(副作用):** 어떤 일에 부수적으로 일어나는 바람직하지 못한 일. 用-쓸 용.
- **문방구(文房具):** 학용품과 사무용품 따위를 파는 곳. ≒문구점. 具-갖출 구.
- **친구(親舊):** 동무. 舊-옛 구.

118쪽
정면에서 구미를 목격한
용기에 체질에

| 낱말 및 한자 풀이 |

- **목격하다(目擊--):** 일이 벌어진 광경을 직접 보다.
- **용기(容器):** 물건을 담는 그릇.

119쪽
水面 正體 容器 家口

| 낱말 및 한자 풀이 |

- **수면(水面):** 물의 표면.
- **수면(睡眠):** 잠을 자는 일. 眠-잘 면.
- **정체(正體):** 참된 본디의 형체.
- **정체(停滯):** 사물이 발전하거나 나아가지 못하고 한자리에 머물러 그침.
- **용기(勇氣):** 씩씩하고 굳은 기운. 勇-날랠 용.
- **용기(容器):** → 118쪽 풀이
- **가구(家具):** 집안 살림에 쓰는 기구. 장롱·책장·탁자 따위.
- **가구(家口):** → 114쪽 풀이

120쪽
면도칼 목적지 비상구
용의자 공동체

121쪽
도대체 구설수
철면피 진면목

122쪽
口 目 面 容 體

여덟째 주
가운데

가운데에 대한 한자 하나

中 – 가운데 중

124쪽

중형   중기   중등
중류   중반   중거리

125쪽

3녀 1남 중(3남 1녀 중)
하고많은 것 중
왕중왕
불행 중 다행
둘 중 하나

126쪽

전철 옆 ○○여중

127쪽

중성
중계   중반   중고   중세   중국
중지   중단   중급
중형   중순   중앙   중복   중간
중심
중식

| 낱말 및 한자 풀이 |

- **중계(中繼)**: 방송국 밖에서의 실황을 방송국이 중간에서 연결하여 방송하는 일. 중계방송의 준말.
- **중반(中盤)**: 승부의 가운데 단계.
- **중고(中古)**: 쓰다 만 유용한 물건.
- **중세(中世)**: 고대와 근대의 중간 시대. 고려시대와 조선시대 전기를 합한 것을 이른다.
- **중지(中止)**: 하던 일을 중도에 그만 둠.
- **중단(中斷)**: 중도에서 끊어짐.
- **중급(中級)**: 중간 정도의 등급.
- **중순(中旬)**: 한 달의 11일부터 20일까지의 기간.
- **중앙(中央)**: 사방의 중심이 되는 한 가운데.
- **중복(中伏)**: 삼복의 하나. 초복과 말복 사이에 있다.
- **중간(中間)**: 두 사물의 사이.
- **중심(中心)**: 사물의 한가운데가 되는 곳.

128쪽

129쪽

중얼중얼   까까중

| 낱말 및 한자 풀이 |

- **한밤중(--中)**: 깊은 밤.
- **중지(中止)** → 127쪽 풀이
- **열중(熱中)**: 한 가지 일에 정신을 쏟음.
- **중간(中間)** → 127쪽 풀이
- **집중(集中)**: 한 곳으로 모임.
- **그중(-中)**: 범위가 정해진 여럿 가운데.
- **공중(空中)**: 하늘과 땅 사이의 빈 곳.
- **중얼중얼**: 남이 알아듣지 못할 정도의 작고 낮은 목소리로 혼잣말을 자꾸 하는 소리. 또는 그 모양.
- **첩첩산중(疊疊山中)**: 첩첩이 겹친 산속.
- **까까중**: 까까머리를 한 중. 또는 그런 머리.
- **도로 아미타불(이라)**: 중이 평생을 두고 아미타불을 외우지만 아무 효과도 없다는 뜻으로, 고생만 하고 아무 소득이 없게 됨을 비유적으로 이르는 말. 예)몇 달 동안 고생한 것이 하루아침에 도로 아미타불이 되었다.

130쪽

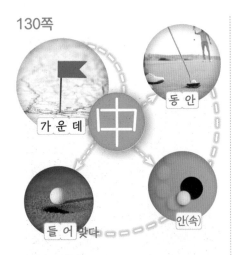

가운데 **中** 동안
가운데 中 들어맞다 안(속)

131쪽

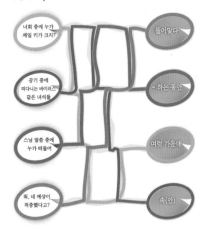

너희 중에 누가 제일 키가 크지? — 들어맞다
공기 중에 떠다니는 바이러스 같은 녀석들 — ~ 하는 동안
스님 말씀 중에 누가 떠들어 — 여럿 가운데
뭐, 네 예상이 적중했다고? — 속(안)

| 낱말 및 한자 풀이 |

- **적중(的中)**: 목표에 어김없이 들어맞음.

132쪽

중간   중년   중문   중퇴

| 낱말 및 한자 풀이 |

- **공간(空間)**: 아무 것도 없는 빈 곳.
- **순간(瞬間)**: 잠깐 동안
- **탈퇴(脫退)**: 정당이나 단체에서 관계를 끊고 물러남.
- **은퇴(隱退)**: 맡은 바 직책에서 손을 떼고 물러나서 한가로이 지냄.

- **진퇴(進退)**: 나아감과 물러섬.
- **중퇴(中退)**: 학업을 마치기 전에 학교를 중도에 그만둠.

133쪽

소중   체중   나중

| 낱말 및 한자 풀이 |

- **와중(渦中)**: 물이 소용돌이치며 흐르는 가운데. 혹은 일이나 사건 따위가 시끄럽고 복잡하게 벌어지는 가운데.
- **중도(中途)**: 일이 되어가는 동안.
- **열중(熱中)** → 129쪽 풀이
- **소중하다(所重--)**: 매우 귀중하다. 重 -무거울 중.
- **수중(手中)**: 손안.
- **중반(中盤)** → 127쪽 풀이
- **체중(體重)**: 몸무게.
- **중심(中心)** → 127쪽 풀이
- **나중**: 얼마의 시간이 지난 뒤.

134쪽

지중해   중고생
은연중   열애 중
적중   공중제비

| 낱말 및 한자 풀이 |

- **은연중(隱然中)**: 남이 모르는 가운데.
- **적중(的中)** → 131쪽 풀이

135쪽

시중에 나도는 물건
붉은 색 **중지** 신호
25명이 탈 수 있는 **중형** 버스

올림픽 성적은 **중상** 정도

| 낱말 및 한자 풀이 |

- **공중(公衆)**: 사회의 대부분의 사람들. 衆-무리 중.
- **공중(空中)** → 129쪽 풀이
- **시중(市中)** → 82쪽 풀이
- **시중**: 옆에 있으면서 여러 가지 심부름을 하는 일.
- **중지(衆志)**: 여러 사람의 생각이나 의지.
- **중지(中止)** → 127쪽 풀이
- **중형(中型)**: 같은 종류의 사물 가운데 중간쯤 되는 규격이나 규모.
- **중형(重刑)**: 무거운 형벌.
- **중상(中上)**: 등급이나 단계를 비교할 때에, 중간 정도의 것 가운데 좋은 쪽이나 위쪽의 것.
- **중상(重傷)**: 심하게 다침.

136쪽

안중   중지   중립   와중

137쪽

어중간   회중시계   오리무중

138쪽